崇文馆 禅解儒道丛书

孔学杂著

欧阳竟无 著 ◎ 梅 愚（校点）

长江出版传媒 崇文书局

图书在版编目（CIP）数据

　孔学杂著 / 欧阳竟无著；梅愚校点. -- 武汉：崇文书局，2016.9

　ISBN 978-7-5403-4203-6

Ⅰ．①孔… Ⅱ．①欧… ②梅… Ⅲ．①儒家－研究②孔丘（前551-前479）－思想评论 Ⅳ．①B222.25

中国版本图书馆 CIP 数据核字（2016）第 181228 号

孔学杂著

出版发行	崇文书局有限公司	
	（武汉市雄楚大街 268 号·湖北出版文化城 C 座 11 层　430070）	
营销电话	027 - 87393855　　传真：027 - 87679712	
印　　刷	武汉中科兴业印务有限公司	
开　　本	880×1230 毫米　1/32	
印　　张	4.625	
字　　数	105 千字	
版　　次	2016 年 9 月第 1 版	
印　　次	2016 年 9 月第 1 次印刷	
印　　数	1-7000 册	
书　　号	ISBN 978-7-5403-4203-6	
定　　价	20.00 元	

孔学杂著

孔佛

　　有体，有用，有依体之用，有用满之体。宇宙万有，群众思虑，莫不依于一心。心必有其体而后可心，状体之相貌，强而名之曰寂，非寂而谁足以当之？心必有其用而后能心，状用之相貌，强而名之曰智，非智而谁有以能之？智非寻常分别之慧也，必有以见寂，而常与寂相应也。宇宙万有，无非幻化；群众思虑，莫非习成。于斯时也，幻有廓然，习思不起，一切皆空，身涉其境，谓之见寂；见寂而不住，百为万事，以致其巧便之能，谓之为智。

　　此智与寂，须臾不离也。若须臾离，则邪见偏见，执断执常，狂瞽异端，是非蜂起。须臾不离，则凡所为，丛脞而条理井然，权变而适当其可，大小内外，时措之宜，无不自得，寂静而有为，有为而寂静，斯谓之为应体之用。是用也，与体相依，而致力图功，乃在于用。是故正名谓之为行。寂则有全体大寂，智则有一切智智。全体大寂尽人所有，圣亦不得而增，愚亦不得而减，障而不显之谓凡，障净全显之谓圣。一切智智则非尽人有，所谓常人但有其种，种须发生，生充其量然后乃有。寂以智生而显，智以障去而生，障以修积而净。净一分障，生一分智，显一分寂。净纤悉细障，生一切智智，显全体大寂。寂固无为也，不生也，仗智之有为、智之发生以为显也。

此寂与智，亦须臾不离也。若须臾离，则灰身灭智、沉空趣寂，但了一身，焉知大道？须臾不离，则观一切无所有，而不舍离一切众生，必使宇宙齐放光明，然后真身证住清净，斯谓之为用满之体。是体也，以用而显，而目注心营，乃在于体，是故正名谓之为果。知行果之解义者，可以谈孔佛矣。

孔道，依体之用也，行也。天行健之谓性；君子法天，自强不息之谓道；天命不已，天之所以为天；文德之纯，文之所以为文。子在川上曰：逝者如斯夫，不舍昼夜。健也，不息也，不已也，纯也，不舍也，皆所以为行也。然君子素位而行，思不出位。位也者，中庸也。寂然不动之谓中，感而遂通天下之故之谓庸。知能大小、费显、隐微不可得而限之，随举一隅，毕张全体，行然后可以素位。知如此之为中庸，然后可以入德。入德之初诚也，及其成功至诚也，无非诚也，诚固物之终始也，必极于鬼神不测、无声无臭，是之谓见寂之智，是之谓应体之用。

佛法，依体之用，而用满之体也，行而果也。二转依之谓佛，空其所知之障，转所依为智曰菩提；空其烦恼之障，转所依为寂曰涅槃。有本来自性清净涅槃，具诸功德无生无灭，湛若虚空，所谓全体大寂也，名之曰法身。有无余涅槃，烦恼既尽，依灭无余，由此而证得全体大寂也，名之曰解脱。有无住涅槃，无余无为，为令众生皆入无余，则必有为，而于无为依而不住，所谓依寂之智也，名之曰般若。由般若而解脱，由解脱而法身，顿证之时，三德不分，故谈果者，皆举无余涅槃也。所谓有因有因因，有果有果果，菩提为果，涅槃为果果是也。证大涅槃则法界清净，法界一真，常我乐净，安隐而住也。何谓常我乐净耶？金刚不坏之谓常，得八自在、离系超然、不属于他之谓我，非受非觉、上妙无伦寂灭之谓乐，无障无染、一味平等之谓净。有如是不可思议之乡，是故结愿在是，趣向在是，归止究竟在是也。顿空其分别所生之二障，窥见真如，谓之见道。渐空其无始以来之二障，真如多分显现，谓为修道。二障全空，真如出缠，顿证佛果，圆满转依，谓为究竟道。故曰依体之用，而用满之体也；故曰行而果也。

上来所说孔佛如此。知孔道之为行者说生生，生生，行也，非流转于有漏，奔于习染也。知佛法之为果者说无生，无生，果也，非熏歇、烬灭、光沉、响绝之无也。淆孔于佛，坏无生义；淆佛于孔，坏生生义。知生生而无生，是依寂之智，则知行之相貌有如此也；知无生而无不生，是智显之寂，则知果之相貌有如此也。佛与孔之所判者，判之于至不至、满不满也，其为当理，适义一也。

孔佛概论之概论

佛学渊而广，孔学简而晦，概论所以需要也。顾概论亦难，今日且谈概论中之概论。

毗卢遮那顶上行，六经皆我注脚，求人之所以为人斯已耳，何佛之学，何孔之学？然圣人先得我心之所同然者，求然之同故，佛须学，孔须学。孔学是菩萨分学，佛学则全部分学也。斯义亦据圣言量耳。知必以圣言为量，故不具四例，不可以为学。

一、不可以凡夫思想为基，而必以等流无漏为基也。有漏称凡夫，杂故染故，无量劫来烦恼扰乱，识海汪洋，充满其种。譬如读书，岂能一字一字如定者数息终日不摇，处囊之锥东西突出，空中楼阁结撰奔驰，一息之条贯不能，万里之蛛丝安索？盐车之浑水无灵，尘刹之根株何鉴？以如是杂染心判断不可思议无上法门，而曰圣言之量不如我思之量也，天下有如是理耶？若夫圣言，则等流无漏也，从心所欲不逾矩也。畏天命，畏大人，畏圣人之言，君子有三畏；小人则不知天命而不畏也，狎大人，侮圣人之言，乌足以为学？

二、不可主观，而必客观也。主观心实，客观心虚；主观

5

有对，客观无对。实故不入，虚故能入；有对故封拒，无对故到处皆学。主观者先有结论，但采纳以为敷佐，可利用则断章节取，有何义之研讨？客观者先无结论，博学审问，慎思明辨，比较而择善，舍己而从人。主观有心，客观无心。深山有宝，无心于宝者得之，故主观不可以为学。

三、不可囿于世间见，而必超于不思议也。公孙宏曲学阿世无论矣，子诚齐人，但知管、晏，且畏蒉義、皇，况秕糠尧、舜？是故顺世外道，无当于理事。仲尼之徒，不道乎桓、文，盖身在山中，不识匡庐真面，欲穷千里，要知更上一层也。豪杰之士，举足下足，自道场来，动念生心，无非尚友。临济观佛有鼻有口，曰：我可作佛，他日竟作祖开宗。象山幼时思天际不得，读古往今来，悟无穷无尽，遂为南宋大儒。一乡之迷倾一国，一国之迷倾天下，天下尽迷，谁倾之哉？如有，必为圣人之志者，是必超于不可思议也。

四、不可以结论处置怀疑，而必以学问思辨解决怀疑也。天下有二种人：一盲从，盖无知识不用思想者，此无论矣。二怀疑，是有知识能用思想者，学以是而入，亦以是而得也。疑必求析，若急于析，则稍相应，必作结论，以是处置怀疑者，古之人、今之人，驱而内诸罟擭陷阱之中，盖比比也。吾尝终日而思矣，不如须臾之所学也。学不析则问，能问于不能，多问于寡，则无不可问矣。问而不析，又思，思日慎有矩有绳矣。思犹不析，则彻底而剖辨之，所谓明辨是也。分析必于极微，至教不可以人情也。以是而析疑，而疑可析，结论乃得焉。

四例既具，可学矣，可以谈孔学、佛学概论矣。

略举四义而谈：一、寂灭寂静义；二、用依于体义；三、相应不二义；四、舍染取净义。四义皆本诸二家之经，佛家则凡大乘经，除疑伪者皆是；孔家则性道如《中庸》《大学》《论语》《周易》皆是，文章如《诗》《书》《三礼》《春秋》皆是。

一、寂灭寂静义。自韩、欧诸文学家，误解清净寂灭以为消极无物、世界沦亡之义，于是千有余年雠弃根本，不识性命所归，宁非冤痛！原夫宇宙人生必有所依以为命者，此为依之物，舍寂之一字，谁堪其能？是则，寂之为本体，无可移易之理也。寂非无物也，寂灭寂静，即是涅槃。灯灭炉存，垢尽衣存，烦恼灭除，一真清净，所谓人欲净尽，天理纯全是也。欲明斯旨，佛家当读《大涅槃经》《瑜伽师地论·无余依地》也，孔家应读《学》《庸》《周易》也。孔道概于《学》《庸》，《大学》之道又纲领于"在止于至善"一句，至善即寂灭寂静是也。何谓善？一阴一阳之谓道，继之者善也，成之者性也。就相应寂灭而言谓之道，成是无欠谓之性，继此不断谓之善。道也、性也、善也，其极一也。善而曰至，何耶？天命之谓性，于穆不已之谓天，无声臭之谓于穆。上天之载，无声无臭，至矣！则至善之谓无声臭也。至善为无声臭，非寂灭寂静而何耶？明其明德而在止至善，非归极于寂灭寂静而何耶？不知寂灭寂静，是无本之学，何有于学，何有于佛学，何有于孔学？吾为揭橥孔学、佛学之旨于经，而得二言焉，曰：古之欲明明德于天下者，我皆令入涅槃而灭度之。

二、用依于体义。寂灭寂静，常也，不生不灭也，真如也，涅槃也，体也；变生万有，无常也，生灭也，正智也，菩提也，用也。体则终古不动，用则毕竟是动。动非凝然，非凝然者不为主宰，故动必依于不动，故用必依于体也。此依即依他起之依，依他有净即菩提是，依他有染即无明十二因缘是。盖用之为物，变动不居非守故，常幻化而幻化之，是曰菩提；幻化而真执之，是曰无明也。用之性质有如此也。是故说用依体可也，有去来故也；说体随缘不可也，祖父从来不出门也。大衍之数五十，其用四十有九，余一不用也。不用者何也？与体相应也。何以必与体相应耶？盖不用而后能生用，用根于不用，其用乃神。孔家肝髓，实在乎此。发而皆中节，根于未发之中；感而遂通天下之故，根于寂然不动；两仪、四象、八卦，根于太极。皆是也。然此不用，非即是体。何也？仍是五十内之数，数之性质犹在也。凡孔家言性、言命、言天，皆依体之用也。易之道广矣、备矣，而命名为易。易者，用也：曰交易，阴阳交而成卦也；曰变易，六爻发挥，惟变是适也；曰不易，与体相应，无思无为，而能冒天下之道，所谓生生之谓易是也。吾尝有言：孔学依体之用也，佛学则依体之用而用满之体也。

三、相应不二义。用依于体，而用犹在，不可说一；明明相依，不可说二。是故阐《般若》义者曰不二法门，是故阐《瑜伽》义者曰相应善巧。既曰相依矣，相应于一处矣，无孤立之寂，亦无独行之智，而言无余涅槃者，就寂而诠寂故也。独阳不长，不可离阴而谈阳也，而乾之为卦，六爻纯阳，就阳而诠阳也；孤阴不生，诠坤亦尔也。是故谈涅槃者须知三德，伊字三点，不纵不横，不即不离，是涅槃也。唯有不二法门，唯有相应善巧之可谈也。

四、舍染取净义。舍染取净，立教之原，无著菩萨显扬圣教，作《显扬圣教论》，一部论旨，唯明是义而已。扶阳抑阴，孔学之教：阳，善也、净也、君子也；阴，恶也、染也、小人也。扶抑即取舍，则孔亦舍染取净也。《易》之夬、垢、复、剥、泰、否六卦，于义尤显，比而观之，可以知要。

䷪夬，扬于王庭，孚号有厉。阴势已微，犹扬犹号者，极其力而夬去之也。

䷫垢，女壮，勿用取女。阴之初起，侈而言之曰壮，厉而禁之曰勿用也。

䷗复，至日闭关，商旅不行，后不省方。养之令长如是。

䷖剥，硕果不食。珍之护惜如是。

䷊泰，小往大来，君子道长，小人道消。

䷋否，大往小来，君子道消，小人道长。往来消长而判泰否，其义又如是。

了此四义，可知人之所以为人，天之所以为天，孔、佛无二，循序渐进，极深研几，是在智者。

《中庸读》叙

中庸，以一言之，曰诚；以二言之，曰中庸，曰中和，曰忠恕；以三言之，曰费而隐，曰微之显。无所谓天地万物、中外古今，止是一诚；无所谓天下国家、礼乐政刑，止是一诚；无所谓智愚、贤不肖、知能大小、曲直险夷，止是一诚。诚至，则生天、生地、生物不测；诚不至，则一切俱无。心非其心，境非其境，事非其事。以之为己，乌乎能存；以之为人，乌乎能信；以之为天下国家，与接为构，日以心斗，变态谁究，又乌乎能行？及其至也，不敢知其人，不足以为国，岂不哀哉！

诚者，物之终始。但喜怒哀乐未发之中，而天下之大本以立；但庸德庸言之行谨，而天下之达道以经纶。天下大本，非贯彻于无声无臭、不睹不闻之无可贯彻，不足立也；天下达道，非推极于继志述事、参天赞地之无可推极，不足以经纶也。中庸之实，一曰费而隐，逆而穷其源也；一曰微之显，顺而竟其委也。不如是，不足尽终始之量也；不如是，不足尽中庸之量也。道通为一，非畛非域，中即渊深，庸即高明，亦何怪哉？

道之不明也，一言中庸，而一切过不及之名、平常之名以至。何者过不及，何者平常？但是空言，都无实事。明明经释"喜怒哀乐之未发谓之中"，观喜怒哀乐未发时气象，即行实地，不劳揣摩。明明经文"庸德之行"，继以"素位而行"，素患难，行患难，为人君止于仁，即庸德之行也。千有余年，后儒之说行而圣训晦，名句之学徇而实事疏，否塞晦盲，酿为风俗，沉渊刲股，致死藐诸孤，精诚格鬼神，独不利儒者之口。天下奇男子，行人所不能行，而不能以一盼。乡党自好者流，居之似忠信，行之似廉洁，全家保妻子，箪食豆羹见于色，又何恤乎邦之阢陧？黠者于是乘其弊，窃其器，以钳制一世，而复任艰无伎，私炽无智。于是乎，日蹙国百里，强者乃吞噬不已。揆厥病源，皆不识中庸之道之所致也，而岂细故哉？

或问：如子之言，中庸之道高深若此，圣人之事，常人乌能？

答曰：万物皆备，四端固有，但是有心，皆是圣人。圣人与人同，人自异于圣，直下自承，念念悉诚，则亦博厚配地、高明配天而已。若本非圣，而求作圣，望空出华，宁非虚妄！

又问：直下自承，心若不纯，险不可言，敢卤莽耶？

答曰：诚者自成也，待他而成，杂而不纯。现成自成，焉得不纯？不学而知，其良知也，何险之有？不此之恃，复何所恃？若他可恃，何必定此？惟其门外天涯，皆荆棘也。

又问：世态万变，而独一诚，迂不可行，不合世情，奈何？

答曰：至诚无息，不言而信，参前倚衡，夫然后行。诚为物体，情伪无物，无物必反，为时不远。

又问：天下国家，万几丛脞，独以一诚耶？

答曰：凡为天下国家，有九经；其所以行之者，一也。

又问：若是，则枯坐寂然，大道是禅，何须学耶？

答曰：禅亦须学，况此非禅。中庸有所以为中庸者，尊德性而道问学是也。为性而学，学以尽性，是宗旨也。认明宗旨，学问思辨大有事在。唯天下至诚，为能聪明睿知，足以有临也；宽裕温柔，足以有容也；发强刚毅，足以有执也；齐庄中正，足以有敬也；文理密察，足以有别也。然后溥博渊泉而时出之。谁谓是诚，而顾可以不学哉！

呜呼！千有余年，中庸不明，人不务诚，失其本心，大义不行，浩然之气不存，盖已非复人间世矣。南渡君臣，偷安寡耻，河山恢复，初亦未始无心，但恨不能作气。日月骎骎，安然无事，自有肺肠，俾房卒狂，父母苍天，人之无良。陆象山发愤，作《大人诗》曰：

从来胆大胸膈宽，虎豹虬龙亿万千，

从头收拾一口吞。有时此辈未妥帖，

哮吼大嚼无毫全。

朝饮渤海水，暮宿昆仑巅，

连山以为琴，长河为之弦。

万古不传音，吾当为君宣。

嗟乎象山！天下大乱，孔学将亡，吾乌得其人，而旦暮遇之？

二十一年十月

《大学王注读》叙

擅一世之雄者，以其能欺人也。虽然，人不可欺，自欺而已。自欺者无志，不图胜事而甘劣迹；自欺者无气，不胜艰巨，巧于趋避；自欺者无耻，不恤鳏寡，但畏强御；自欺者丧心，不事清明，而工虚妄；自欺者自戕，未有虚妄而不速亡。末世不自欺者，谁哉？

宜救火追亡，讲大学之道。阳明之言曰：大学之道，诚意而已矣；诚意之道，毋自欺而已矣。人禽判，此也；圣狂判，此也；治乱兴亡判，此也。如是其重大也，如是其切近也，如是其易简也！或以为高远难行，或以为迂阔无当，终不胜其人欲之私，而不一试焉，可痛哉！

阳明又言曰：意者心之动，知者意之体，物者意之用。是则知也者，即心之体，心之动体也。是则此知非知见之知，而心体之知也；知为心体，即《中庸》之诚也。诚者物之终始，无物非诚，即无物非知也。如其诚而诚之，谓之致知，即谓之诚意。用当而体复，谓之格物，即谓之诚意，如恶恶臭、如好好色，谓之诚意，即谓之致知。慎独谓之诚意，即谓之格物。夫道一而已矣，屋漏是独，大廷亦独；进德是慎独，修业亦慎独。道不可须臾离，慎独可须臾离乎！此《淇澳》之诗所以为格物事也。道学者，道问学也；自修者，尊德性也。恂栗者，尽精微也；威仪者，致广大也；优优大哉，威仪三千是也。是则《中庸》之所以主张而贯彻者，皆格物事也。孔道至大，一言以蔽之，曰：古之欲明明德于天下者。天下一人也，万物一体也，黍黍以量乌乎丈，铢铢以称乌乎钧？器原有若是之广且大也。必先治其国，乃至致知在格物者，费而隐也；物格而后知致，乃至国治而后天下平者，微之显也，皆诚之事也。故曰：大学之道，诚意而已矣。

曾子曰：夫子之道，忠恕而已矣。中其心之谓忠，如其心之谓恕，忠恕之道，诚意而已矣。忠恕所以正心，所以修齐治平，亦诚意而已矣。忠恕之道不行，忿懥四者有所，心不在不正，而身不修也。忿懥何害？害于有所故也。王赫斯怒，临事而惧，仁者乐山，作易者有忧患，心在无所，亦何害也。忠恕之道不行，亲爱五者而辟，身不修而家不齐也。老安、友信、少怀之志，明德于天下之志，忠恕之志也。曰孝者所以事君，曰上老老而民兴孝，非老者安之乎？曰弟者所以事长，曰上长长而民兴弟，非朋友信之乎？曰慈者所以使众，曰上恤孤而民不悖，非少者怀之乎？而曰所藏乎身必恕，是以君子有絜矩之道，非忠恕之是事乎？则亦诚意而已矣！

民为邦本，长国家者，其知之乎？民之所好，好之；民之所恶，恶之。此之谓民之父母。好人之所恶，恶人之所好，是谓拂人之性，灾必逮夫身。民具尔瞻，辟则天下僇，峻命不易，失众则失国。圣人所以重民，所以垂示于为民上者，丁宁反覆，深且切矣，长国家者亦知惧乎？众怒难犯，专欲难成，亦知反乎？孔子殁，大学废，秦汉数千年来，体国经野，建官分职，岂为民极？子孙帝王万世之业，视民之疾痛，固若秦越人之肥瘠。国有大灾，民自拯之；道路桥梁，民自理之；强邻噬食，民自起而抗之。匪唯忽之，又从而挠之害之。娟嫉有技，聚敛悖入，亦既灾害并至，善者无如之何矣。嗟乎！天下不忠恕，死丧无日哉。呜呼！为民上者，庶几念民而忠恕哉。

附：读《大学》十义

读《大学王注》竟，有须阐明者十义，录之为行远升高之助。

一曰大人之学也。大人亦不过充人之量而已，四端皆具而谁非人？大人亦不过与天地合其德而已，尽性知天而谁无性？故人亦第为大人，又何事而非大人？然而人皆可尧舜，而尧舜不再见，何耶？风气力强，习非成是。自有生而少长而老死，自家庭而朋友而国人，曾不闻先王之法言，日夜与非圣为伍，交相习也，成自然也。冉冉悠悠，沓沓泄泄，溺淖失知，自视日卑，见义不为，危机无惕。譬如二人俱值非常，有鸿鹄志者，仓卒定谋，化家为国；作富家翁者，徘徊终夜，恋栈而亡。盖一则有触斯通，一则本无其事故也。而况穷性命之源，了生人之本者哉！国可亡也，种可灭也，人类可熄也，而终不胜其一己之私也。非故污也，非自戕也，非不欲为也，而终不能一鼓作气也。然而掷一粒于平沙万顷之地，而见雨即芽也，多方以植之，而蔽日参天也，苟试为之何如也，群而习之又何如也！作圣而日臧，不作圣而日亡，亦何惮而不为大人之学哉！夫大学者，大人之学也。

二曰天下之欲也。板屋之材，不足供明堂之用；斗筲之器，不足作釜钟之归；乡党自好者流，不足临大事、决大疑、任天下艰巨。推己及物云者，言举斯心加诸彼而已也，非谓小知而可扩之大受也。有圣人之量者，然后可以圣人；有天下之欲者，然后可以天下；始之函乎天下者，乃终之尽乎天下者也。为仁之方，己欲立而立人也，诚者所以成物也。明明德者，非明明德于一己也，而明明德于天下也。是故格物者，为天下而格物也；致知者，为天下而致知也；诚意者，为天下而诚意也；正心修身者，为天下而正心修身也。是故言古之欲明明德于天下者。鞭辟近里著己，崖岸高，门户隘，异同之祸烈。宋明以来，儒者之学，非孔子之事；洁身之概量，非万物一体之气象。

三曰孔子之志也。昔者孔子有云：吾志在《春秋》；又云：大道之行，丘有志焉，天下为公，人不独亲其亲、子其子，是谓大同；又云：盍各言志，老者安之，朋友信之，少者怀之；而《大学》平天下则曰：上老老而民兴孝，上长长而民兴弟，上恤孤而民不倍。是数者合，有以异乎？无以异也！孔子天下至圣，以言所达，譬如天地之无不持载，无不覆帱。以言所本，则先王有不忍人之心，斯有不忍人之政。是则孔子之志，本其不忍之心，而达之为大同之政而已矣。《春秋》太平世，内外受治，老安少怀，则不独亲其亲、子其子，絜矩之道，上下前后左右全体均平，皆大同之政。吾故曰：是数者合，无以异也。虽然，《春秋》者，天子之事也，天子大事制礼，而礼生于仁，礼云礼云玉帛云乎哉？盖《诗》亡然后《春秋》作，彰善瘅恶之秋霜，乃继于温柔敦厚之春露也。五始之元，即四德之元，元者善之长，而曰君子体仁，足以长人也。平天下不言夏时商辂，而曰好恶无辟，慎德好仁也。以是知大同之政其达，而其本乃在不忍之心也。孔子不得位，大同之政不容现，谓之为志，而至悲天悯人之怀，则又无息而非实现者。学者于此三致意焉！若夫侈口大同，毫无悲悯，空谈圣志，不解圣心，乱天下者，必此人也。故下之为夸诞之学，而上之有优伪之政。

四曰忠恕之道也。格致诚正修者，忠也；齐治平者，恕也。先修其身，乃至先致其知，致知在格物者，忠也；而后家齐，乃至而后天下平者，恕也。自明不已，所以亲民，止是修身、止是诚意者，忠而后恕也。惟囊括宇宙、包并六合者能恕，惟大公无我者能恕，惟舍己从人者能恕，惟顺其几之自然者能恕，惟行其所无事者能恕。而不然者，则矫糅造作矣，功必自我成、名必自我居矣，不以欲从人而以人从欲矣，此天下所以骚然矣。夫亡国之君亦自有才，但恨其不能恕耳！夫千圣百王，岂有神奇，亦不过行其恕耳。是恕也，必忠信以得之，骄泰以失之。

五曰得国之实也。水积成渊，蛟龙生焉；土积成山，风雨兴焉；众志成城，而国立焉。毋谓兵强，民不畏死，强于兵者亡于兵。毋谓财聚，生之不众而源竭不来。毋谓政柄在我，民可得而欺，其所令反其所好而民不从。毋谓今不与于古情切而无迁，明明箪食以迎师、火热而望霓，不诬也；挞秦楚之坚甲利兵，不诬也；外患不足患，天灾不足灾，民涣而国涣，不诬也。吾所恃以敌强梁者，民，奈何并民而敌之？吾所恃以植基本者，民，奈何舍民而他植之？锄异而异炽，噬我不我恤而民不然，奈何独于民而弃之？得国之实，在得民心，得心有道，无逾《大学》。《大学》之言曰：民之所好，好之；民之所恶，恶之；此之谓民之父母。好人之所恶，恶人之所好，是谓拂民性而灾必及身。彦圣不通有技媢嫉者，仁人放流之，是谓能好人、能恶人。民具尔瞻，辟则为天下僇矣。峻命不易，失众则失国矣。徵诸近事，岂迂谈哉！长国家者，顾不求实哉？

六曰格物之功也。泥德性者，先立乎其大者而无事矣，及其弊也，六艺废，礼乐崩，言之无文，行而不远。泥问学者，穷致事物之理而多事矣，及其弊也，支离于文字，逐物而谁归？私意补经，欺今诬后。格物之不明，圣学之不行，千有余年矣。阳明释《淇澳》之诗曰：引诗言格物之事，于是而格物之说明，证之于《中庸》，而格物之说愈明。自修而道学，即尊德性而道问学也，为性而学，学以尽性，以是为格物之主张也。威仪而恂慄，即致广大而尽精微也，以是为格物之贯彻也。君子之道费而隐，所以知远之近、知风之自极于无声无臭者，为格物事也。鬼神之道微之显，所以知微之显，极于参天赞地者，亦格物事也。《中庸》言可以入德矣，《大学》言格物而后知致，乃至天下平矣。夫道若大路然，未有若一丘一壑一先生之言者矣。格物之说建立不摇，天下自此平欤！

七曰孔颜之乐也。所谓诚其意者，毋自欺也，诚之事也。如恶恶臭，如好好色，此之谓自慊，诚之有得也，快也，足也，所谓乐也，知之者不如好之者，好之者不如乐之者也。君子造道自得，则居安资深，左右逢源，有诸己之谓信也。是则乐也者，诚也，而即信也。仁义之实，事亲从兄是也；智之实，知斯二者是也；礼之实，节文斯二者是也；乐之实，乐斯二者是也。是则乐也者，诚也，信也，而即所谓乐也。仁义智礼信，而即仁义智礼乐也。兴于诗，立于礼，成于乐，是之谓孔颜之乐。与其云蔬食而乐在其中、陋巷而不改其乐，谓之为孔颜之乐，曷若云不厌不倦、拳拳服膺，谓之为孔颜之乐欤！学孔颜之乐，毋宁学孔颜之诚欤！或问：何谓孔颜之诚即孔颜之乐？曰：当下心安而已。又问：有杀身以成仁者，乐乎？曰：求仁而得仁，又何怨？

八曰真实之知也。知止而后有定，知所先后，则近道矣。于止知其所止，可以人而不如鸟乎？于是学者谈行，必求其知；于是学者求知，不求于盲师，必求于故纸。夫知也，不求诸自我，不求诸现在，而顾可得而真实哉？阳明之言曰：非实能修身，未可谓之知修身。此言乎知，为其证知，非徒解知也。骤言证知，凭何而能，是有妙术不可思议，则必为圣人之志是也。譬如复仇，怀必死之心者是也。制之一处，无事不办也，思之思之，鬼神通之也。是之谓真实之知也。

九曰《学》《庸》之事也。夫学有区径，有方术，有效果也。《中庸》之书，三者具备，孔学之概论也。费而隐、微之显者，道也，区径也。诚者，行也，方术也。赞圣者，极也，效果也。若夫《大学》，止示方术，唯是圣行也。格致诚正，止于至善也；修齐治平，止于至善也；皆行也。君子欲学问思辨，读《中庸》；君子欲笃行，读《大学》。

十曰《学》《庸》之序也。常言《学》《庸》，先《大学》而后《中庸》，为曾子之师，先于子思之弟，此说出朱晦庵，而不知其所据，故不从。史记子思作《中庸》，而未言曾子作《大学》，一也；《戴记》明明《中庸》列前，《大学》列后，二也；程子亦言：《大学》，孔氏遗书，不言曾子所作，三也；阳明旁注，迳题"汉戴圣撰"，四也。今之意，先欲明孔学概论，而后谈孔学圣行也，故《中庸》先，而《大学》次也。

嗟乎！孔学之不行久矣。盖支离之为弊，而迂阔之误视故也。《王注》读，而支离之为弊祛；十义明，而迂阔之误视除。盖实有不能已于言者，而岂好事之徒哓哓不已者哉？

《论语课》叙

　　能使其国必亡而无可救药者，偷与私也。能使偷私之祸深锢而不拔者，乡愿也。求生则害仁，谋道不谋食。而乡愿同流合污，奄然媚世。积习中于人心，豆羹箪食是图，而何有于国？大厦将倾之势，而聊乐我员；流血百万，乃视若无睹、听若无闻。若之何其救之也！

　　疾雷破山风振海，傥足以动之；烈日当空，傥足以明之。其必曰：孔子真精神，严之以义利之界也欤！义利之界明，譬之播种，始可以言耕耨。以是谈学，志不离道而游不废艺，学祛其蔽而思通其神，忠必参前倚衡，恕必人立人达，诗必于思，礼必于本，性天必至于寂，而上达乎不可思议。若乎为政，则大同之世，必极于均和而安。孔子之道有如此夫！

　　义利之界不明，二千余年晦盲否塞，反覆沉锢，以极于今日也。《论语》至言，视之如秋日惨淡而无光也，嚼之如土饭陈羹而无味也。以是谈学，乡愿也，伪孔也。国危如是，人心如是。孔子真精神，严义利之界，于《论语》中表而出之，课己课天下，溺以是援，愤以是启，诞先登岸，德以不孤，诚先务之急哉！诚先务之急哉！

民国二十七年五月
叙于江津支那内学院蜀院

《论语十一篇读》叙

佛学有结集，有毗昙，三藏浩汗，循其统绪而可读。孔学无是，既阨秦火，又复年埋，于是老师宿儒曾不能答具体之求，而世无真孔。世既不得真孔，尊亦何益于尊，谤亦乌乎云谤？苟可取而利用，崇之如天，或不利于其私，坠之如渊，于孔何与哉！东海有圣人焉，此心同，此理同也；西海有圣人焉，此心同，此理同也。而愚者不然，曰此禅也、非圣也，死于门户之拘，一任众芳芜秽，天下不知务者又如此也。呜呼！孔学亡矣。若能精内典，娴般若，兴晋以秦者，文武之道犹不尽坠于地欤？

般若直下明心，孔亦直下明心。盖墨子短丧薄葬，一切由事起；孔子食旨不甘、闻乐不乐，一切由心起。直下明心，不愿乎外，是之谓一；无入而不自得焉，是之谓贯也。然因是而有疑意见之心直下危险者，而不知般若固自性离言，但行于义也，般若固无知也。般若离言行义，孔亦离言行义，所谓时行物生，天亦何言也。般若无知，孔亦无知，所谓问我空空，叩端而竭也。然因是而又有疑乎？纯任天然堕落无事甲里者，而不知般若固相似相续而不绝也。般若相似相续，孔亦相似相续，所谓逝者如斯不舍昼夜也。於穆不已，天之所以为天；至诚无息，人之所以为人也。非尽心知性，不足以知天；非知天之所以为天，不足以知人；非知人之所以为人，不足以知仁。仁者，人也，孔之所以为孔也。如是集《性天》篇而读也。

直下明心不由事起，故求仁得仁，无与于父命天伦，殷有三仁，无与于去奴与死，忠清难行而无与于仁，欲仁至仁而无与于远。仁也，性天也，一也，然达于事，则分别非一也。事亲，仁也；从兄，义也；知不去乎二者，智也；节文斯二者，礼也；乐斯二者而乌可以已，乐。义集而快足也，意诚而快足也，有诸己之谓信也，是则乐也者，信也。兴诗立礼而成于乐也，知之好之不如其乐之也。是故孔颜之乐，岂吟风弄月以归而仓卒可寻也？如是集《仁》篇而读，集《礼》篇而读，集《达道》篇而读，集《为政》篇而读也。直下明心有诸己而信，循至美大圣神而高坚前后不可为象，然有其方，则下学而上达是也。博文而约礼，文行而忠信，不息悠久则博大而高明，如是集《为学》篇而读也。温恭而安，悲愍而为，如是集《圣德》篇而读也。始之集《劝学》《君子小人》篇而读，以定其趣也。终之集《群弟子》《古今人》篇而读，以博其义也。

孙辈读经，苦无课本，类而聚之，曰《论语十一篇读》也。仓卒应求，粗疏无当，若必组织成统绪谈，须萃群经，大其结集，然后有济。此儒者所有事也。呜呼！先畴亩亩，芜秽如斯，在我后之人，又安能忍与此终古哉！

民国二十年辛未十月
欧阳渐叙于支那内学院

《孟子课》叙

文武之政在方册，人存政举，人亡政熄，故为政在人。然久之而不得其人者，其故何哉？一、畏言圣人；二、不畏乡愿；三、生死事大、仁义事小；四、贵势不贵自；五、不知轻利而重义；六、不知生于忧患死于安乐；七、不知心之为圣；八、不知学之至易；九、不知学惟不已；十、不知虚名可耻。

以是十因，而草野无贤：一、不知民为贵君为轻；二、不知政乃不忍之心之所寄；三、不知废兴存亡之系于仁政；四、不知御侮之在于自强；五、不知时势之易为；六、不知政外之政；七、知巧便以行其政；八、不知王霸之辨；九、不知杀人兵战之不可用；十、不知人民、土地、政事有根本之创制。

以是十因，而国家无政：一、不知事功之非极；二、不知势禄之非泰；三、不知圣教之差别；四、不知成人之差等。

以是四因，而天下无道。无道则无人，无人则无政，无政而天下乱，乃至于亡。

反而言之，师道立则善人多，善人多则有政，有政而国理以强。若是乎，教之至足重哉！夫教必自童蒙始，蒙以养正，圣功也，先入者主之。人皆可以为尧舜，植基之教，不择而施焉。乃断章取义于《孟子》，得八十课而课之。

民国二十五年夏
叙于支那内学院

《孟子十篇读》叙

生孟子后二千余年，取其书而读之，若周穆王游化人之居，光影所照，目眩不得视，音响所来，耳乱不能听，何物圣言，夺人神识若是！盖浩然之气盛大流行，穷天地、亘万古而常新者也。

浩然之气，集义所生，是故孔子言仁，孟子言义。羞恶之心之谓义，人能充无受尔汝之实，无所往而不为义。名节事极大，生死事极小；唯一义行，恣肆纵横，举之而无上，挥之而无旁，敌之而无当，至大至刚，何弱何强，天下若此，而可侮哉？生死事极大，名节事极小；转移于时势，有人而无己，偷习中于膏肓，无往而非畏葸，一却一前，自伐自毁，轻河山于一掷，坐以待毙而已。均之为国也，择术不可不慎也。

月征日迈，锲而不舍于物质之有形，货财而甲兵；月征日迈，锲而不舍于道义之无形，磅礴而弥纶。其致力也平，其充分也等，固无足轻重于其间者矣。然而有形有律，受配于数常不能越量而非常，听命于时势不敢自主而超势，倚物而后起，不能凭空而愤起，一机械之器而已矣。若夫无形，履虚若实，变动不居，匪守故常，不可思议，优败而劣胜，甚险而至平，自倚于长城，其游于天之庭乎？是谋国之桢干也，奈何骇视扶苏而忘其桢干乎？桢干先拨而扶苏不害乎？利或时不利，义则无不利，吾故曰均之为国也，择术不可不慎也。

今天下亡矣，横议炽矣！有奋勇自拔者，弹之曰唱高调，而上达之机斩矣；有坏法逾闲者，护之曰私德不干涉，而下流之居保障矣。上之曰偷日懦，而无所谓国矣；下之自衣自食，而无所谓国矣。伈伈俔俔行，直不知人间有羞耻事矣！沉渊溺淖，至矣极矣！疾雷破山风振海，十日并出，金石流，土山焦，振聋聩于今日者，其唯《孟子》乎？

人之所以为人者，气也，节也；国之所以为国者，民也。是三者，天下之大本也，如是读《气第一》《士第二》《民第三》。仲尼之徒，崇本而黜末，如是读《义利王霸第四》。民往而归之曰王，归之于仁也，如是读《仁政（上下）第五》。事亲者仁之实也，孝弟者尧舜之道也，如是读《孝弟第六》。父子主恩，君臣朋友以义合，如是读《君臣朋友第七》。仁义根于学，乃所愿则学孔子也，孔子之学，诚而已矣，孟之学孔，易简而快足是矣。性善也，义内也，四端固有，万物皆备也，不虑而知、不学而能也，立乎其大，小不能夺也，人人亲其亲、长其长，而天下平也，凡若此者，易简也。充其量也，尽其才也，盈科而后进放乎四海也，自得居安左右逢源也，凡若此者，快足也，如是读《学第八》。孔子之学一贯，当下安心，孺子入井之恻隐，即亲死委壑之颡泚也。墨子兼爱，二本而失本，孰不可忍也，如是读《非彼第九》。有私淑艾者，如是读《自宗第十》。

疾雷破山风振海，十日并出，金石流，土山焦，振聋聩于今日者，其唯孟子乎！

民国二十一年二月
叙于支那内学院

《毛诗课》叙

追天之未阴雨，绸缪牖户，谁敢侮予？今则流血百万，惨不可言矣。事前有备，谓之未雨绸缪；事后追随，谓之亡羊补牢。然今日之亡羊补牢，又他日之未雨绸缪也。绸缪在作新，作新在作气，作气在观感而愤悱。声音之感人也，成于乐而兴于诗。古人于诗，朝会燕飨则歌，乡饮乡射则歌，迎寒逆暑则歌，一室琴书歌声，若出金石。盖无时无处无人无事不歌，此其所以日新不已也。合乐曰歌，乐亡而歌亦亡，吾独奈何哉！王阳明歌诗，一人堂上舒徐节奏，十余人堂下随其节奏密咏酬吟。徒歌曰谣，亦善权方便而可法欤？沪战烈，渡江栖六合，两阅月成《毛诗读》三册，节彼三百篇之三十，以为课也。绕梁裂石，奋然起矣！

民国二十七年五月
叙于江津支那内学皖蜀院

元戎先启，师干之试，狁犹服而荆蛮戚，国基立矣，歌《六月》《采芑》。妇人、女子亦知其勇于赴敌，秦之强也，歌《小戎》。

民为邦本，衣食住以福之，民莫不用情，悦以使之，歌《七月》《东山》。

未雨绸缪，忧深思远，朝野上下得自强之道，歌《鸱鸮》《蟋蟀》。

疾之命寄于医，政之命寄于贤，执有我而不知有人者败也。为天下得人难，尧不得舜而忧，歌《蒹葭》《白驹》《卷阿》。

我虽不杀伯仁，伯仁由我而死。贤倾国瘁，疾痛呼天。歌《柏舟》《黄鸟》。

善善而不能用，恶恶而不能去，坐谈而已。好贤如缁衣，恶恶如巷伯，天下不足治也，歌《缁衣》《巷伯》。

君子道长则泰，小人道长则否。幽暗厉虐，暗则昏耄一任小人，虐则自恣不卹下情，亡国杀身，百不一失。于厉王歌《版》《荡》《抑》《十月之交》《雨无正》；于幽王歌《节南山》《正月》。

亲亲而民有族也，中国延数千年命以是而存。所谓葛藟犹能庇其本根，而纵寻斧焉者何耶？思深者笃于亲，歌《常棣》《伐木》；昏耄者残及骨肉，歌《角弓》《小弁》。

化行国俗，夫妇之道大坏，歌《谷风》《氓》。

天地间有至情，《诗》之所以为诗也，托之于家国，歌《泉水》《匪风》《载驰》。

《诗》亡，然后《春秋》作，歌《黍离》。

注用毛、郑，节约之而系于经文两旁，郑笺用圈记别，断句用诸家古韵，而录江有诰古韵一部总目于最后，以判部。序中笺释传文亦节录之而用括弧记别。

夏声说

　　人必有所以为人，然后能人，然后谓之曰人。人之所以为人者，恻隐、羞恶、是非之心是也。堂下觳觫，堂上不忍，况乎国将亡、族将灭、种将绝？痛之所不胜，不得不大声疾呼，奔走号咷。大声疾呼，奔走号咷，而后举国震悚，万众一心，出其才力智能以自拯。蹴尔嗟来，宁死不屑，况乎谓他人君、他人父，妻子生命系其所属？耻之所不堪，不得不雷声狮吼，诛心褫魄。雷声狮吼，诛心褫魄，而后大盗不能移国，神奸不能蠹国，强暴不能噬国。颠倒不平昭释于路人，况乎周孔例桀跖、操桧侪曾史？倾天柱地维，溺人心于必死，忍之所不能，不得不直声执言，日光明照。直声执言，日光明照，而后莠不能乱苗，紫不能夺朱，乡愿不能乱德。

　　本人之所以为人之心，以发其至大至刚至直于声，称之为夏声。无恻隐之心，非人也；无羞恶之心，非人也；无是非之心，非人也；是则无人而无夏声也。中国蛮貊之所之，舟车人力之所至，日月霜露之所被，吾夏声一呼，宜乎尽人愤悱，而相应以起也。孔子之道不著，轲之死不得其传，夏声乃不得不发。夏声者，孔子之中庸，孟子浩然之气也。夏声者，以一言之曰诚，以二言之曰中庸，以三言之曰直方大，以四言之曰浩然之气。人之所以为人，其为物不二故也。

中庸何以是夏声耶？君子之道费而隐，鬼神之德微之显，合费隐微显于一物，谓之为中庸，至真之物不可以费隐微显囿也。民质之日用饮食，即包并乎知化穷神，天命之微妙玄通，无以异乎日月呈露。小以诚小，大以诚大，幽以诚幽，明以诚明，不诚无物，诚固物之终始者也。何谓终始？譬如车行，跬步其始，千里其终，轮廓锥地，转点转积，以得一周，积周成里，积里成千，盈亿累兆之周，而不能缺锥地之一点，缺一点于锥地，即不能成周成里，其势然也。参天赞地，点之至于千里也，愚不肖知能，点之起于跬步也；受命制礼，点之至于千里也，不睹不闻，点之起于跬步也。千里之点即跬步之点，点固无殊也，举费即举隐也，举微即举显也，费而不遗隐，微而不离显也。真实周通是谓中庸，故曰夏声为中庸也。是则直方大之夏声，亦诚而已也。

今夫人心之奸伪，而无术以止之也。为之斗斛权衡以量之称之，则并与斗斛权衡而窃之；为之符玺仁义以信之矫之，则并与符玺仁义而窃之。治老氏学者曰：掊斗折衡而民不争，焚符破玺而民朴鄙，攘弃仁义而天下之德玄同矣！无为而自然，希夷微而一。此虽得中庸微之显之理，而不得其费而隐之道。据未来将至之几，而不顺素位现在之诚。若是谓之希声，异方直大之夏声，包藏祸心者，又并此而窃之曰老成谋国，委曲以将事，于是鬼域充于朝野，国真无以为国矣！致用之所至，容或一相似，而以为大本大经者，则君子不由也。

国之瘠贫，民之寡恩，闻墨氏之风者，又作而起矣，节用短丧薄葬，裁物质之赢亏，以抑其性情之舒发。君子曰不然，诚不可戕贼，而均则无贫。兼相爱，交相利，爱人者，人必从而爱之；利人者，人必从而利之。君子曰不然。吾诚于身而爱身，吾诚于人而爱人，若为人之爱我而兼爱人，则爱不诚，所为二本也。此亦异乎直方大之夏声也，君子不由也。

君子之正人心也，必中庸是由，不诚无物，故君子贵诚。诚非第成己也，所以成物也，故至诚无息。诚则至矣，尽矣，蔑以加矣！请益，曰不息而已。不息则久而徵，博厚而高明。昭昭之天不息，而日月星辰以系；撮土之地不息，而华岳河海以置；卷石之小不息，而草木禽兽宝藏以聚；一勺之水不息，而蛟龙鱼鳖以生，货财以殖。天之所以为天，文王之所以为文，皆于此不息寓也，又何人心之不得其正哉！此不测之义然矣。

请舍不可思议，而证以目前浅义，亦无不效也，久于其道，天下化成故也。久则是非之大明也，神咒呼名，鬼域藏形，效一；久则识种之触应也，人非一成善恶环生，效二；久则有徵之足信也，冰山非倚，金石足恃，效三；久则主客之势移也，喻利拜金，闻义依心，效四；久则多寡之势敌也，敌彼咻楚，丁宁钟鼓，效五；久则环境之变迁也，素视琦宝，须臾弁髦，效六；久则仁义未尝不利也，信遍国人，广誉施身，效七；久则监伪之无终也，赵孟贵贱，董叔系援，效八；久则清议之不容也，落魄无归，有腼无依，效九；久则垢秽之无伤也，四凶不殽，元恺迭出，效十。故曰君子正人心也，必中庸是由也，是则救人以夏声，亦久于其道而已也。

古之所谓夏声者，诗三百篇，圣贤发愤之所作，《节南山》

以下诸诗是也。《孟子》七篇，则疾雷破山风震海，直方大之声，振聋启聩于末世，无以逾焉。勾践灭吴精神，见于《吴语》《越语》。《史》《汉》之刺客游侠、党锢独行，凛凛有生气。下而至于韩之文，杜甫、陆游之诗，辛弃疾之词，史可法之疏，乃至忠肝义胆，片言舒郁，莫不皆夏声之所寄。

夫夏声者，人之所以为人之心，人莫不皆然，吾乌知今必异于古所云？丁宁淳于振铎，急起行之而已矣！

论学书

与陶闿士书一

乡愿何以为德之贼？孔孟何以必取狂狷？盖相似法流与义利之辨之所以必讲也。

孔子开口曰：君子谋道不谋食。孟子开口曰：舍生取义。必如是充类至义之尽，而义利之界始明，乡愿、圣人之分始晰。是则存一毫生望以为学，便是小人喻于利；有一毫苟且，淆袭神明不快足，便非君子喻于义。种瓜得瓜，种豆得豆，种子虽微，发生乃大，不辨于初，必堕于终，人禽之分一成不易，可畏哉！阳明有言：不抉其根日滋灌培，但培其恶，可惧哉！是则不欲为人则已，如欲为人，则必学圣；不欲学圣则已，如欲学圣，必辨义利以端其趣也。

乡愿不然，谋食不谋道，舍义而取生，既持之有故、言之成理，而凡人又乐易于习俗而难有出类拔萃之志，如是辗转相承，无非乡愿。以两可为中庸，以淆袭为道义，亦复谁能觉察哉？

孟子直指斥其立足曰"奄然媚世"，销青年向上之芽；又直斥其毒害曰"为德之贼"。明白若是，尚可诬哉？有恒产而有恒心者，为一般平民言也；无恒产而有恒心者，唯士为能也。又直断之曰：士何事？仁义而已矣！一箪食，一瓢饮，贤哉，回也！贤哉，回也！捉襟见肘，歌声若出金石，吾党之士则然也。呜呼！士既困于特立独行之无资，而又困于贤父兄之不得，销沮英雄，往往若是，千百万群有一于此不受困缚，而又缚于不愿人为圣贤，侪落于氓之蚩蚩，何其不幸哉！有平民之教，有豪杰之教。若不轻乎群众，孟子则曰人皆可以为尧舜而已矣。

嗟乎！阎士，立教不当如是哉？救今天下，应以舍生取义之教。世无圣人，大乱不止，政变必不能善，虽强如列强，可以已哉？政变之变，变岂有极哉？

二十七年四月六日

与陶阎士书二

昨发长函，辨明立教之邪正，大抵生灭立脚为邪，无生立足为正，孔孟与释迦不异。若不先事辨明，息息直追，他日何能见危授命？夫见危授命，已是今之成人，并此而推翻之，曲顺世求，此其所以多汉奸也！如某某者，学问文章、政治科学，擅绝一时，前后都以汉奸为藏身之所，盖无以植基，声誉日隆，浸假而入于岐途而不觉也。舍生取义，今日植基；见危授命，他日将事；不可错也。寡尤寡悔，禄在其中；学也，禄在其中；忠信笃敬，蛮貊亦行，奈何惧政变饿死而改其趣！故既辨明立教之本，而复咏歌其事，得偈凡六。吾子不俗，当可谈欤！

艺堪盟主千生造，文到惊人万死来，
解放且寻吾故我，黄昏杜宇一声哀。
八十行年十二耳，古来七十且稀奇，
莫将文字来求我，六念先应死念追。
求生的是利边存，肯死方为义入门，
琐尾流离必有事，金刚威力自然尊。
孔子毗昙弥勒天，向来水火不同年，
中庸无臭涅槃寂，菩萨原来倚佛边。
涅槃非一复非二，横固蹈非纵亦非，
一语三玄玄三要，个中消息莫相违。
须知初步研唯识，二步还应唯智研，
三步涅槃探果果，我常净乐秘经传。

四月七日

与陶闇士书三

两函谈义利之辨，认明生之为利谋生而徇俗，是乡愿之根株，此为入德最初法门。于此方针决定，无一毫夹杂，他日必圣贤。于此方针不定，谋食谋道，纷然杂出，善斯可矣，何为踽踽？今日乡愿，他日焉得而不汉奸？故不得不反覆丁宁也。世之所以一说圣人，即奔走骇汗而不愿闻者，为其舍生也，为其舍生则于数事不可解也，饿死之教不可普及，仰事俯蓄不可不理，科学致用不可不悉，三事是也。

兹为解之：孟子"无恒产而有恒心"，明明为士言也。其为民言，明明说"有恒产而有恒心"也。士者，民之中坚，国之所基，而教之所寄，乌可以齐民恕哉？然子贡问政，子曰：足食、足兵、民信之矣，而必究乎民之所以为民，则去兵乃至去食，曰自古皆有死，民无信不立。孟子：养生送死无憾，王道之始；而至谈人之所以为人，则曰人皆可以为尧舜。政可宜也，教不可移也；齐民可随也，士不可恕也。樗栎梗楠视其种，江汉泽淖视其趣，决定革命不惑保皇，决定抗虏国不可亡，近事取徵，矧谈大道，而立大教。"仰不足以事父母，俯不足以蓄妻子"，孟子此言为齐民言也。士于事蓄乃无不足，衣敝缊袍而负米百里，歌声金石而藜藿晨昏，但见古人过量精神，未闻饿死豪杰父母。习胶贵族而梦绕玉堂，便不可织屦辟，便不可泥涂胼胝。寄生之路塞，不得不趣高官厚禄一途，纵饫鸡豚，而岂其养志？立身行道，扬名于后世以显父母，岂犬马之养已哉？大同之政不兴，学供终归无术，若但恒年粗粝，岂必稚子凄其？

君子喻义，已立初关，以此成材，自须博学。譬之蓺木，播种植根，其始也；枝叶扶苏，其继也。立志办道，其体也；多才多艺，其用也。岂惟科学致用应亟学也，文章渊雅岂废学哉？然君子科学意在致用，小人科学乃以谋生，趣各不同，国家收获，亦凭判丰歉。子路问成人，子曰：若臧武仲之智，公绰之不欲，卞庄子之勇，冉求之艺文，之以礼乐，亦可以为成人矣。体用赅备，乃称全人，然亦之云者，犹有最上一层在也。今之成人，体用难并，姑先其体，曰见利思义，见危授命，久要不忘平生之言，亦可以为成人矣。此言亦者，但具人格，异非人而已。体之为物，人禽之路，邦家之基，祸福之胎，而可忽哉？

先不言体，遽谈无体之用，且以致用之用作谋生之用，盗明堂之器，咽卖饧之箫，何教不摧，何法可益？为之斗斛权衡以信之，则并此斗斛权衡而窃之，亦穷于术哉！呜呼！世之败坏，至是极矣。观国是者，莫不归过于贪污之官吏，豪劣之士绅，苟且偷堕之社会，此固然矣。然亦知病本之由来乎？二千余年，孔子之道废，乡愿之教行。孔子谋道不谋食，乡愿则同流而合污；孟子舍生而取义，乡愿则曲学以阿世。既有令名，复求寿考，腰缠十万，骑鹤扬州，以视枯槁独行，动辄骇俗，其于世间心理，孰得孰失？其于尧舜之道，孰入孰出？当判然矣。

天下之理，不上即下，岂有中流杂染无误？岂有安乐忍性动心？亦习偷者之姑息自欺而已矣！夫人岂甘下流哉？无主于中，饥寒迫外，众习所徇，牵率依违，不能自拔，随风堕溷，渐染渐安而不自觉。缘起于不能舍生，依据于乡愿以立足也。今日者，流血百万，安全之地乃偃仰栖迟，曾不能掀床露柱，刺激淋漓，而门阃阅委蛇，衣食奔走，若不阐明孔子真精神，何以建国？何以全爱？何以慰惨？夫孔子固温良恭俭让，吾非斯人之徒欤，而谁与也？但得其似，则中庸者，曲学阿世之媒；无可无不可者，包藏祸心之遁逃薮也。千秋万岁遂至于今，孔子哀之，特于和平雍穆中，表而出之曰：乡愿，德之贼也！此则孔子之真精神也。

再言乡愿，亦止是义利之界不明，杂食于道，两岐之立足而已。孙中山先生革命是一条鞭，不可杂保皇党开明专制。今日抗战到底是一条鞭，不可收容主和败类。孔子谋道不谋食，孟子舍生而取义，踽踽独行，不可夹杂乡愿、两边立足之相似教。

四月二十二日

附：示陶道恕

君子先志而后事，孝慈之志不立，建国救亡之公忠不植，而遽言科学，科学利用急需之要，以图其植私谋食之媒，以学以教。此神奸巨蠹埋葬英材而不用畚锸也。百万忠勇流血于前，而曾不动不移于毫末，有良心哉？深锢如是，尚有国哉？人不为国谋，国可存哉？国之不存，身将安傅哉？孔子大声疾呼曰：乡愿，德之贼也！君子谋道不谋食也，舍生而取义者也。七十二子，谁不身通六艺而必先立乎其大者？先其道而后其食，国与身俱强；先其食而后其道，身与国俱亡。供家小教习固非，识字田舍翁尤非。世兄亟须辨志，然后谈事。

四月二十六日

与陶阎士书四

昔有参道者，左参遭斥，右参遭斥，万道俱塞，百思无术。最后愤极，乃得一决定法，索性不参，遂豁然爆发。又有一参者，坐攀树上，祖师教放下，乃下一足，再放，下两足，手犹攀枝。祖师大声：放放！乃放一手，最后一手抵死不放。祖师呵棒不已，并其一手亦放，遂尔顿坠；然未至地，忽然爆发。

渐参"死"字，不下十余年，今国破家亡，人生处处危险，无一毫安全可望，乃于儒门舍生取义，忽然开朗，快乐万分，有把握无恐惧又千百万分，证之佛说，乃无不合。遂欲与人共同享受，以诸函之来，正相触动，因此喋喋多言，乃无一毫苛责人意。非背东门不得入西门，非置生死度外不得直趋涅槃。谋食以谋道，无此杂种，杂种不生稻而生莠，断然之理也。此又非高谈性命，乃生死呼吸脚踏实地也。

来书谓今日走高径，他日反因以坠失者，此是苦节不可贞其道穷也之意。须知此种人，皆始念之志不真，继念之学不笃，未得障堤而洪涛即至，是以随流下驶也。若志真学笃，神明之地有无表色<small>小乘名词</small>。生，能为闲阑。劣种日销，强种日炽，毫厘纤悉与心无欺，精积力久兢兢业业，但循其道消息盈虚，他日见危授命，可息息自验矣。舍此则节节放松，泄泄沓沓，圣人无安坐以致之理，又况其植种之不同哉？本为解说，并无他意，乃不觉言之又长也，请止。

五月二十日

与蒙文通书

人日大会，千载一时，苟勉为之，虽那烂陀不是过也，奚论鹅湖、鹿洞哉！儒佛之焦点，都在涅槃。儒立足之根，在平等平等。不思不勉之为诚，孟子所谓心然。苟违平等，心则不然。不违平等曰是，违则曰非；合而出之于一时，为是非之心。必扩而充之至大而能化，则有漏种转无漏种现矣。此大会发明至精之义。孟子养气集义之学，宜于是时急起直追以赴之也。

复梁均默书

承赐书及大作，盥诵之后，无任钦佩。思想开展，触处生发；旧学新知，政教融冶。吾无间然矣，乃复竿头更上询于刍荛。虚谷若此，安忍恝然，然予于大作诚无置议，唯年来私臆别有发明，窃以为孔子真精神必至于是，始大披露。略呈一二，藉作参考可乎？

一曰中庸误解也。中国数千年社会养成不痛不痒之局，职是之由。孔子恶乡愿，思狂狷；而世偏崇无过不及，处处模棱。及其至也，人格且不堪问，谈何改一说，何创制显庸？盖中庸实有其事，实地可蹈，非日明揣度虚而无薄。如所言不偏之中，中无定所，平常之庸。庸堕卑流，中无定所，适足藏奸；庸堕卑流，暴弃之薮。今天下竞谈建国建国矣，而中庸之误解不纠正其可哉？云何中庸实有其境、实地可蹈耶？经明明示尔喜怒哀乐之未发谓之中。陈白沙谓观未发时，气象是也。未发气象即易之无思无为、寂然不动之寂，亦即佛家之涅槃寂灭。顾数千年来，一谈寂灭，骇而欲走。动辄谓宗教术语何必涉及，是所谓欲其人之存活而先褫其魄、斩其命根也。寂灭者，人欲净尽之谓耳。然此中有辨：天人不同种，人欲之种故必灭尽，天理之种乃克纯全。此义精微，姑不详释。寂灭之境，即是定境。固有之智，为欲所蔽；定明欲尽，智乃显现。一泓秋水荡涤纤尘，乃至涟漪不起；寂灭寂然，则天光云影相与徘徊，人物山川悉于中现。物无形遁，一日二日万几取怀而予；不事安排，先天而天弗违，而况于人乎？况于鬼神乎？若不如是，器小泥近，焉能宽容？亲证全体，所以异于器小推测也。如是则发而皆中节，谓之庸，亦即《易》言感而遂通天下之故也，又即佛家之定能发慧也。夫道一而已矣。是故中庸以一言之，曰诚，曰寂，曰定；以二言之，曰中庸，曰忠恕，曰明德，曰涅槃，曰悲智；以三言之，曰费而隐，曰微之显，乃至以无量。文言无边诠显，三藏二西亦无非阐此一物，而岂有异哉？不甘下人，其亟中庸可乎！

二曰智仁勇不得全解也。仁非止爱人而已，修道以仁，而曰思。事亲不可以不知人，思知人不可以不知天。尽心知性，乃能知天。仲弓问仁，子曰：出门如见大宾，使民如承大祭。见宾承祭，境界与寂然不动相应，所谓忠也，亦即中也。己所不欲，弗施于人，所谓恕也，亦即谓庸也。颜渊问仁，子曰：克己复礼为仁。克己则人欲净尽，复礼则天理纯全。欲尽为寂灭之寂静，理全为寂灭无损恼也。一日克复致中和也，天下归仁，位育象也。为仁由己，而非由人，则无我无人之恕也。视听言动之必礼，格物而至于物也。大悲爱人之为仁，而实定能生慧之为仁也。用其中于民，谓之大智；中立而不倚，谓之君子之强。所以经文说智仁勇三者，天下之达德也。所以行之者一也。"所以行之"之句不刊定，则不得达德之真，又安能为入道之门？

三曰不知明德即未发之中也。予怀明德不大声以色，说者以声色之不大为明德，而不知声色即不是；德辖如毛，而不知毛即不是。必无声无臭，寂然不动境界，方始至明德境界也。此至即止于至善之至。一阴一阳之谓道，继之者善也。是则至极至之善而止之，乃所以明其明德也。定静安而趣寂，所谓未发之中；虑得而发生大智，所谓中节之庸。而必先之知止，则此一知也。宇宙在乎手，明明德于天下，充量而来，此一知也。辟天关，叩帝阍，作圣之基，脱凡之始，此一知也。义利之界，人禽之判，是以经文曰：绵蛮黄鸟，止于立隅。于止知其所止，可以人而不如鸟乎？何其痛切哉！

四曰格物偏取一隅也。诚意致知格物原是一事，心之所发谓之意，意之力能谓之知，知之涉及谓之物。欲得意诚必先知诚物，诚体物而不可遗，是则物之大本在鬼神之寂。诚者物之终始，不诚无物。是则物之全用在成诚之自。有物必有则，必至其所则之处而亲切实验焉，夫乃谓之格物。格之为言至也，至其所则之处而后诚于物也。涉及之力能至所则之处，而后诚于知也。物诚知诚，意焉得不诚？夫此力能至于物则，是为明睿，所照即始而见终也，颜子所以闻一知十也。物不亲睦，全体披露，而谈致知，极其力能不外推测，推测而知，因此而识彼也，子贡所以闻一知二也。凡科学之比量，哲学之因果律，皆闻一知二之推测也。不逆诈，不亿不信，抑亦先觉者是贤乎？至诚之道，可以前知，是之谓神，盖全体洞然也。如此谈知，此知之所以难也。苟不固聪明睿知达天德者，又乌足语此？知知难之知乃全体洞然之知，而后先天弗违，非常能变，大握机先，安所落后？因是而谈，则格物工夫诚非一二端所能概尽。道问学格物也，尊德性格物也，合而赅之犹有事在，况分而局之乎？全体洞然之知涉及于物必广，故经引淇澳之诗证明其事。此语是王阳明语，然与中庸德性节相合，故又必合两处经文而详之。如切如磋者道学也，即道问也；如琢如磨者自修也，即尊德性。瑟兮僩兮者恂栗也，即尽精微也；瑟兮喧兮者威仪也，即致广大也。优优大哉，威仪三千是也。盛德至善，亲贤乐利而没世不忘，岂不高明配天，而位育仍在致中庸。温故知新，则悠久无疆矣。以两经文而求格物，格物诚不可草草释解。达道由大本来，亦非凭粗鄙世见所得而知，故曰知难也。

五曰恕不免有人有我也。有一言而可以终身行之者乎？曰其恕乎？己所不欲，勿施于人。曰终身，则全体之行舍恕无他道。平天下以恕而不免人我界存，天下得平谁欺哉？《大学》

一经忠恕尽之，据学义谈，似又为曾子所作也。何以言无人无我之为恕耶？《中庸》说人之为道即孟子仁者人也，合而言之道也。自人之人与他人之人皆人也，仿自人之则为他人式。而谓执柯伐柯犹以为远者，以其有人我之界存也，离道远也。夫道无人我也，人亦无自他也。若以人之人之治为治他人之人之治，而无人我界存，则所谓无人无我之恕也。故曰为仁由己，而非由人也。但若自人为君则止于仁，他人为臣则止于敬，改汝所止即是也，而治之所施犹乎自人也。故曰忠恕违道不远。施诸己而不愿，亦勿施于人也。故曰求其他人子臣弟友之道，而但尽其自人君父之事，及其事兄先施之能。中节之庸不足，则勉有余不敢尽。云何不尽，易无妄之往何之矣，天命不佑行矣哉。庄子庸也者用也，用也者通也，通也者得也，适得而几矣，因是已。已而不知其然谓之道，劳神明为一谓之朝三，故不敢也。稍异平常投降世见，作如是解而谈不敢尽。此种恶乡愿如农夫之务弃草焉，截其本根无使能植则善者伸矣。顾何以《大学》谈忠恕耶？乃正告之曰：《大学》古本原无缺残，诚意致知格物原是一事。盖求未发之中，全体亲证之知，必格致也，忠也。心身家国天下所以行之亦无非一物。盖中节之庸也，中节之庸平等无人我界，恕也。忿懥有所亲爱而辟，止知一偏不知平等，夫焉能恕？恕不藏身，絜矩不行，好恶反民，有人我界故也。人之有伎若己有之，与其聚敛，宁有盗臣，无人我界故也。

孔门入学，勒为概论，止是《学》《庸》。千百年来，讲学家流但凭凡心推测圣量，又复故封疆域，他宝不容，是故中国实无孔学。此如语谛语，非荒诞言也。东海有圣人焉，此心同，此理同焉；西海有圣人焉，此心同，此理同焉。以西圣人之三藏十二部解东圣人之四书五经，求圣于圣，方便莫大。本是赤子，而忽得无价明珠，愿天下明道度人之人皆起而先读佛书也。屡月以来，午夜失眠，小解频数，晨起昏疲，遂不敢用心，稽复祈恕。五条或不合尊作，公诚善人，存为参考，是或一道欤。

二十八年十二月二十四日

与熊子真书

鸡鸣风雨，乱世思君子之志；生天生地，吾党大事。漱溟近日所学，觉其颇得儒者一段精神，实斯世不可少之人。但儒者一段支配，为要尤大。希即努力，请以斯旨达诸漱溟。质直素朴，以之端本有余，以之摄众不足；以之明体有功，以之致用多过。幸察之哉！佛之悲智，实是相因而生，而其方法在多闻圣目。念念思惟，体之于己，悲自生矣，智自生矣。此间亦有国文一课，因及孔言。孔自能以三乘妙理出之人道中，后儒每不能知言外意，则所谓善信不出有漏范围，而孔则弊矣。仁礼相倚，皆本于固有之良。然不精礼，不足见圣量之大。美富之说，其在所乎！然非能龙树、无著学，又乌足知之？

复张溥泉书

辱书：教我提倡墨学，墨义种种切到，儒偏中和，不适抗战时用。盥诵之余，曷胜钦感！然吾有义陈前，幸鉴夺之！

抗战是非常时期事，节节非常，应具一段真精神，触处求益。今之抗战，贞元交会，为非常非常时期事，不但非常异昔日之常为非常，又于造他日非常之常与之不异为非常非常。盖建国也，应具一段超远精神，触处自在，是则取古以资今，但有我合，而无他缚。万不可执一先生学说处理一切，亦不必屏谁氏子论议，俾不入场，此一义也。

借资须权，而自树必经，所谓立天下之大本，大本刊定，异则简之，同则收之，必求大本相符，非取谁家谁氏，此又一义也。

人皆知墨，墨义于抗战非常，多可权借。人不知儒，公亦曲从世称，谓儒偏中和。嗟乎！此岂儒哉？取此伪儒，唯害于尔家，凶于尔国，人用侧颇辟，民用僭忒，由昔平时取用至今，家国人民已如斯矣。然一谈儒，无非举伪，数千年前，儒已堕伪，彼篡此位，此代彼诛，帝阍三十三天鸣冤何处？九幽十八层地狱无此沉埋。朝野上下，此类尤多，必截根株，应明真孔。盖吒阁补单那咒呼其名，然后去也。新周故宋王鲁，革命之义出于《公羊》，而伪儒以为说经义齐驳，岂是鲁纯？民为贵，君为轻，民权之义出于《孟子》，而伪儒专制之奴，谓孟子泰山岩岩，英气甚是害事。大同出于《礼运》，而伪儒竟谓《礼运》大同之说非孔子之言。凡不合其奴性组织，皆武断废除，职其根据，皆自诬蔑中庸而来。真孔以狂狷为中庸，伪儒以乡愿为中庸。真孔中庸还我实落，伪儒中庸但有美言。朴者堕迷，奸人利用。曾子忠恕，子思素隐，孟子集义养气而后，谁为豪杰，辨别孔子中庸？孟子集义，粉碎无遗，尚余浩然之气一分，不失时呈。宋明节义之士，如文、史诸人，皆有造于国家，乃至今日抗日犹能长时，无非赖是。但有一毫真孔，得福不可道里计，恒河沙数所不能尽，而况全体哉？真孔既分别，人皆知孔矣。孔义不但于抗战非常，多可权借，尤于抗战建国非常非常，足以经宗。盖中国哲匠，猥起林立，于我大本，唯孔相符，同则取之，俾我大本之通于国中也。辨真孔而已，此又一义也。

何谓大本，求寂、主一、达情是也。

何谓求寂？思议者，测施有方，规矩不逾，范围所及之事，用莫善之。范围不能摄，思想所不到，不知所从来，乌得其究竟？则不恃思议，而恃有不可思议。夫不可思议者，非神秘也，深隐连属之根株，运转密移之经历，全体披露，洞鉴无遗，先此后此，正方异方，供彼取用，一奠万年，人莫测所来，强而名之曰智是也。妙智由洞鉴来，洞鉴由披露来。披露由何来？由二千年鄙儒谤弃之寂灭来，由二千年乡愿诬蔑之中庸来。惟天下至诚，为能立天下之大本，中也者，天下之大本也，喜怒哀乐之未发谓之中，中即是寂，故曰求寂。

先说寂象，求寂工夫，此姑不谈。寂之境界，人欲净尽，天理纯全境界也。一泓秋水，荡涤纤尘，涟漪不动，寂灭寂然，于此悟人欲净尽境界，佛家名寂静寂灭。天光云影，人物山川，悉于中现，无劳一睇，于此悟天理纯全境界，佛家名无损恼寂灭。小乘寂灭，止用寂静，大乘兼用无损恼。今谈治国，应大乘同，触处洞然寂灭全体，故曰真孔中庸还我实落。

墨不能然，《天志篇》者，《墨》之谈本也。以天之赏罚，知义从天出，以有义则治，无义则乱，知有义无义，转展环徵，还不出一毫实落，倒果为因，因明犯过，乌乎能立？亦何异伪儒无过不及之中庸耶？异我大本，是故简之。

飞龙在天，利见大人。大人者，与天地合其德，四时合其序，鬼神合其吉凶，先天而天弗违，后天而奉天时是也。是以坐而论道，吁咈都俞，上之燮理阴阳，中之经纶天下，下之格君心之非。尧、舜、汤、武之为君，禹、皋、伊、旦之为臣，知斯理而建国矣。自此以往，以汉高帝、蜀昭烈、唐太宗之荦荦大度、器量聪明，足以学道。以子房之冲漠无朕，诸葛之宁静致远，李泌之静若用智，而玄奘之法门龙象，都为修道有得之人，乃未闻有坐而论道之举。余则子孙基业之不了，救时宰相之尚难，是以补苴罅漏，苟且数千年，外侮内偷之至于今日也。忽闻建国，奚翅登天大道将行也，求寂之芹献，乌容稍缓须臾哉？

何谓主一？一则真，一则能生，一而不已，所生之数量不测。是故建立大本于一，为学为政，以是焉进退。疾呼子慎，梦应而惊，孺子入井，怵惕恻隐，忽时变时，亦不失一矣。用志不纷，乃凝于神，势用强大，天地万物皆甲坼矣。为物不二，生物不测，宇宙海岳，精英谁悉矣！是故亲亲之杀，尊贤之等，为国以礼，不取兼爱。简宽而狭，简杂而纯，一之为不动因也。

难者曰：大同之不独亲其亲，子其子，主一者何解耶？

解之者曰：此数量边事，非质量边事也。亲亲子子，质之真也，其亲其子，隘于一也，不独其亲其子，不隘于一也。千里之行跬步起，起足跬步，毕乎千里，仍跬步也，而千里也。未闻始起跬步而千里也。天行健，天之所以为天也，大道之行以不息，文王之所以为文也。一而不息，乃大同矣。诚者自成，至诚不息，所以成物矣。明德自明，自明用其极而新民矣。忠者不欺，忠而不已谓之恕矣。吾道一以贯之也。大同以不已生，非以兼生也。而不然者，舍质而谈数，初政必大同，则民族主义几何不因以随逐而动摇？

难者曰：大悲之冤亲平等，主一者又何谓耶？

解之者曰：判凡以执，物以执封，界以封限，此限此界，不通于彼，彼限彼界，不通于此，色不通声，香不通味，戚不通疏，是以冤不通亲，不平等也。圣判于无执，执无故封无，封无故人我界无，界尚无矣，从何所限？是以皆通，通则无不平等也。故曰：冤亲平等，圣者边事。凡者以直报怨，法界不乱，法界乱而世界灭亡矣。是故求学当求不执，毋开口平等。

难者曰：爱人者，人恒爱之，亦主一者之言，墨子兼爱何害耶？

解之者曰：兼不真，李种桃种，无桃李种；兼无力，千钧而二用之，生之能耐不强。兼者顿象，渐而后继，顿则不继。以是故，兼之为害，不可胜言。黑白之于色也，义利之于理也，忠奸之于人也，不严其界而故谈兼，初假其名，后反其真，今之发现变态怪形以危害邦国者，尚何言哉！孔子曰：恶似而非者，恶利口之覆邦家者，行岐道者不至，事两君者不容也；目不两视而明，耳不两听而聪也，是故君子结于一也，诚恶乎兼之为害也。自动者有力能，有精神，有继续，作新民者应激民自动。唯性情是自中物，唯性情是相率自动，舍性情而用感情，毋曰互助也，已弃自动而被动矣。墨义无非感情互助来，感情互助，宁有种乎？感情互助，力能势用过自动乎？感情互助，百年不变而不息乎？

何谓达情？仁者人也，仁爱结撰之谓人，是故人类之立立以情。过此不生，谓之死边，死边以往，衣食住行，乃至文物声明，世宙以生存，谓之达情。唯王建国，设官分职，举国勤动，夙夜匪懈，谓之达情之行。五行百产，天之所生，源源不尽，谓之达情之供用。是故物受支配于情，但可为情而益物，不可因物而损情。假达情之名，行纵欲之行者，情不称物，谓之暴殄天物。物已尽而情莫达，情与物俱害也，如是须节用爱物，是谓节财之流。夫节财之流，亦唯求其情之达而已矣。至若物不称情，不当损情而当益物，是谓开财之源。夫开财之源，亦唯求其情之达而已矣。墨不达情，役于物者，但有节流。情不称物，节流也。物不称情，宁抑损情，仍节流也。曾不闻一论开源。履短而削足，冠小而戳首，其与几何，亡无日矣！至爱者谁逾父母，大事者谁逾送死，哀痛迫切之余，桐棺三寸，掩不及泉，三月无事。伤情无奈何，又摧其情于喘息未定之际，与其生也，无宁死。动感以乐，奋发以乐，鼓勇以乐，赴汤蹈火以乐，宣郁以乐，通幽以乐，使民久而不亡以乐。季札闻乐，判十五国之治乱兴亡，乐固可非哉？墨以酣歌恒舞之巫风，毁钟鼓笙竽之圣雅，惩羹废食，吁其甚哉！

夫抗战达情也，达羞恶之义之情；丧葬达情也，达恻隐之仁之情；乐达情也，达四端之情。俱情蕴，俱本心，而谓相碍不通，不互助，不相成，乃至相克。固矣夫，何其重物若是，而轻情又若是耶！夫为逸乐以暴物，人见而易剌也，至为偷习以暴物，则多所忽而不察矣！避难后方，建筑、藏版、印订、流通，凡木工、瓦工、土工、杂工、印工、订工，材料所需，无所爱惜，摧残与作成，大者一与一之比，小者不啻一与三、四之比,以此而推天下暴物,可算数譬喻哉?人世三十年,送死所费,准其所生,上者不逾十年,下者或不能一年。养生所需之摧残,费不啻一倍二倍。若设工官,竭诚研究,督断摧残,以视短丧薄葬,谁赢谁绌,必有能辨之者。

上来大本所称求寂、主一、达情,荦荦大端,墨氏皆违,违则简之。然则墨义无所取耶?夏后氏尚忠,禹勤民事,足胼手胝,诚适用于抗战非常之时。除《天志》《兼爱》《短丧》《薄葬》《非乐》诸篇,余则应深研几,信受奉行。如公来书,《尚同》者,服从主义,不容异议,抗战之成,首在是也。《鲁问》者,大国不当攻小国,抗战极合也。《贵义》者,赴汤蹈火,积极精神不回顾也。《非攻》者,弱小民族不可犯也,反侵略不可缓也。亲戚私好乡人,不可偏重,是故《尚贤》。细文繁礼悉除,是故《节用》。必尽人力,毋委气数,是故《非命》。抗战死士忠魂不灭,是故《明鬼》。其他《备穴》诸篇,无非兵法,切用于目前。恳挚精诚,沦肌浃髓,诚甘露味,吾当与公共宣布也。

公则应于大者、远者,极深研几也,求寂、主一、达情是也,非伪儒说也。

二十九年一月二日

复万君默书

惠书敬悉,奖劝益愆。道一无二,二则邪僻,孔与佛同,但量不及。故渐谓欲了人之所以为人,须先习佛以为权变。不熟佛,焉知孔?然不全体研藏,不知大法宗要,又乌足知佛?近欲趁此未灭之躯,悉心谈是,而学德不敷。殊愧

53

也，何以教我。

复陶阎士书

佛法非以退让不管闲为般若，要须适当其可为通达。大道不明，须有清议是非，尤须有护佐阐扬之人，此吾所以深仪于吾子也。弟病深者若此，而又决心不留恋。人生谁不死？不怖不著，可以谈最后之学。收一得之功，幸莫甚焉。弟病肾脏，起于心太苦役，当择一无恐慌处而迁之。不则在屋前或后山掘一防空壕亦好。临终有二途：一自力入寂灭定，二他力念佛。然在渐意，终主张自力。若临终能相应，则对师友，对一切皆办到矣，一切无悔矣。今所称寂灭定者，不即戮上无余涅槃，亦非及得灭尽定，但非先明其途径，知其境界，决定趋向，一心沿习，能不游移，能不间断，不管有效，心不走著，即已得矣。舍此，又谁有办法能使尔不入究竟场耶？但得贤善，死足矣，此儒之所谓：没，吾宁也。寂灭境界何耶？无十相是也。无色声香味触法、男女、日月也。此亦不能办到。但舍之一字，即无不办。舍嗣子门楣之立，舍亲戚共困之念，舍一切学问师友之爱，舍五官四体之涉，四种诚舍，亦裸裸地，本体自显。此可信矣。本体倘显，即是归真，此可信矣。夫人一生，至少至老，纷纷扰扰，谁能一念休放。若能事此，病不起则归真，病若愈即入德，子其勉之。渐与真如书详在杂刊之五六，须息心一读，缓读不急，若不明了，放下即是，无苦尔心。

与王化中书

人日大会，在思想不在辩论，在力行不在言说。又孔之所以不违佛义者，在平等一义。一阴一阳，何思何虑，平等也，即涅槃也。中庸无声无臭，不思不勉，孟子心之同然，皆是也。平等而然则是，不然则非，为是非之心。扩而充之至大而能化，为有漏种转无漏种现，孟子集义养气之学在是矣。今时士大夫奄奄欲息，无救国亡，宜大讲斯学矣。行有不慊于心则馁，赴义之不暇，一息堕千里且不能自知。便云乎哉？

二十八年一月二十八日

复李贞白书

国都沦陷，院宇图籍荡然无存，亲戚故人散四方，转讲肇无可问。敌我年余，流血死伤不下数百万，自生民以来，未有如是之恶劫也。搜求其故，皆乡愿之教造成，舍义取生，贪争以起，奸偷以炽，兽行汉奸，各以其途而现。大祸乃军斯极，悲哉！人日大会，吾将发明孔佛真精神，能赴会欤？

复冯超如书

弟介绍张太仆诗文，具见热烈肝肠，表先哲以启斯民之至意，信国歌显，大荔歌隐者，非独官职高卑时代文各诸义所致，亦以其学其艺而判也。信国道义为之根，学源孟氏，大荔一真动静，学出濂溪，天地王侯得一之说，又本于老。此学之不同也。凡文字之传，以启发感动人所必需为主，德行与文学分科，有德又必有言，诗不必三百，思无邪之为三百也。此有言而必有德也。豹死留皮，人死留名。谚有之云。不若诗歌文颂，慷慨淋漓，泣数行下，此有德而必有言也。乾坤正气集，岂不人人尽节取义舍生，顾文不足，未终篇欲睡，反使烈烈轰轰之举没覆于陈陈冗晦之文，是表彰忠烈而不得其所以表彰之法也。吾初亦欲书《不二歌》，如正气，细读其文辍然而止。太仆正气长留古今，不以歌晦而晦，歌显而显，文与义判然两事，所欲作新万民者，非止文字一端，然就文论文，所以动人固必有所在欤。

跋《中庸传》寄诸友

每年人日大会一次，贡献以言。入川三年，今其三次，贡此一册。世乱由汉奸，原出于乡愿中庸。书生不能从戎，然有道。天下溺，援之以道。道也者，寂灭也，涅槃也，孔、佛之道一也。寄呈若木先生，须识此册继孟子学旨，唐宋以来，诸儒皆背孟而行，此其所以产乡愿而乱世也。请细读此册，竟无非七十之年不能说此，毋轻视之。不薄今人爱古人，公豪杰，有此态度。（蒯若木）

入川定道友一年会一次，时在阴历正月七日，名人日大会。会上必贡献以言，今会谈此册。君虽不与，而奋兴逾人，爱赠此册以表敬意。天下乱于乡愿中庸，真实中庸，请精研此。前君寄之文，敬佩，非力争上流者，不能道其只字也。（傅冰芝）

人日大会，去年谈《心经》，今年谈《中庸》。渐自认识佛

义在无余涅槃，转读孔书，始粲然矣。此作系七十之年乃能，毋轻视。衡如聪明，何所不能，顾知之易，而行之难也。（刘衡如）

阎士死矣，行谊不愧古人，斯亦足矣。无人传意长者，乃迳情直达，未具正式笺候，不敬欤？孔、佛原来无异，而唐宋人异之。无病而药，又药以医药。饶舌哉，然不可已已。（赵尧生）

孔、佛通，通于此册。渐非七十之年不能说是，幸毋忽之。一字一句，皆有根本。孔书本孔，不牵于佛，解经家法，法尔如是，唯我文通，始足与谈。孔学聊发其端，大事无量，甚望我弟继志述事。（蒙文通）

寄此册，阅后与倪、毛、王诸君同看。能扩充宣传，俾人人知狂狷中庸，然后佛法乃大昌明也。（虞修庵）

孔学，文通外唯君尊重。寂灭义，扼于唐宋元明清，犹不提出，可谓无心肝人。不敢苟从，亦我芸生所计及也。（彭芸生）

阎士去，我怆然，公愈甚也。卫武公耄而好学，寄此册求匡正。乡愿中庸为数千年，乃不能不提出狂狷中庸也。（李泉涌）

君不能与会，大减色矣。虽然，讲学亦不在见面，寄呈此，必有见以见教矣。（赖以庄）

孔家义唯君讲，孔与佛无异义亦唯君谈。顾无沟通，著述不得，今寄此册，视如何耶？此不过概论，略呈。多大事，希续现于世。（梁漱溟）

此书以寂灭寂静为趣，力辟乡愿中庸，救今时汉奸之

蔽。（杨权吉）

覆蒙文通书

昨日得二十五函，更发此函，心中无限欣悦，不觉琐琐詹言也。云何喜耶？喜吾弟能以所学会友，孔门生趣将自此发动。昔以洙泗之传，期诸漱溟与弟，果不负所期哉！陈学源君，相见于南京内院，颇多时日，今犹不倦所学，诚难得也。曾义甫君，与弟同赴人日大会，虽未倾谈，然挹德深矣。诸君子济济一堂，各以所得，发明妙义，向往何已！盖不减稷下诸贤，而上毗邹鲁之盛也，呜呼，足矣！渐老无用，得见诸君子之林，诚不为不幸矣。欣悦之余，乃将私见一陈于前，可乎？

道之不明也，于此数千年，究其原始，乃在孔子既没，无结集大儒，缺毗昙大教，秦火汉仪，安知道之攸寄，如阿难、迦叶之于佛教者？故佛学尚有典型，而孔学湮没无绪，可胜叹哉！今欲不忘大教，以正人心，应谈最胜极最胜三事。

第一、道定于一尊。一则真，二则伪。孔一贯，孟一而已矣，经旨具在，而可诬哉？中国推至全球，唯有孔、佛，理义同一，余则支离曼衍，不可为道。陆量弘而程量隘，东海、西海，圣同心、理，淫声女色，强忌于先，识者知所判别矣。是故欲尊孔而有力能者，当先握生天生地、唯一不二之权，乃可整顿乾坤，位育一世，虽有万魔，无损毫末。孔道不行，式微中露，尚惕然哉！

第二、学得其根本。根本者，性道文章。性道仁也，文章礼也。性道略以《易·系辞》谈性，曰：一阴一阳之谓道，一句，所谓天道，语言心行俱灭。继之者善也，二句，善无准则，续乎天道为则。成之者性也。三句，性非苟得，圆满充足而完成。《大学》则谈诚意，曰：毋自欺也，自即语言心行俱灭之天道，凡人皆具，始念常见。不欺者，继其始念也，所谓善也。孔学全在不已，在止于至善，止于不已而已也。天行健，所以为天；自强不息，所以为君子。如好好色，如恶恶臭，此之谓自慊。慊，快也，足也，则诚至于成也，所谓圆满充足之性也，此之谓尽性。《中庸》则谈诚之不已，曰：诚者自成也；《易》一句同。物之终始，不诚无物，是故君子诚之为贵；物之终始即格物，无别格物。《易》二句同。诚者，所以成物也，故至诚无息，则无为而成。《易》三句同。修道原于率性，既诚于道，而可忽于性天哉？性天不可闻，子贡闻而叹息不置，犹佛书之得未曾有也，遂谓不谈性天，岂理也哉！子罕言仁，亦不作口头禅而已矣。文章不但礼，而礼为干，克己复礼，充之为国以礼。居庐郊禘，见精神极其贯格；法制政刑，见巧便不离其宗。故性天为未发之中，文章则中节之庸；仁融于心，而礼寄于事。自乡党以至朝庭，自小学以至大学，举足下足，皆礼是蹈，礼之为孔道之达哉！

第三、研学必革命。天下英雄，使君与操，世间霸图，尚须包藏宇宙之机，囊括乾坤之量，况大道之所寄哉！毗卢[1]顶上行，直探第一义，依文缀字，三世佛冤矣。曰古之人古之人，虽无文而犹兴，在陈思鲁，狂简斐于梦寐矣，价阇黎须仔细，此何如事，与无担当人商量乎？补清末所缺，事也，非志也；比肩郑、马，上溢董、刘，事也，非志也；极追游、夏，犹

---

[1] "卢"，原作"庐"。——校者注

事也，非志也。删修大事，有德必有言，若使颜氏子在，安知不能赞一词哉！颜、曾、思、孟，是一流人，不恶于志。颜渊曰：舜何人也，予何人也，有为者亦若是；孟子曰：乃所愿，则学孔子也；孔子曰：吾十有五而志于学。故必先定其志欤！孟子曰：士何事曰尚志，无志失士名矣。宋明程、朱、陆、王，最足崇拜，在能尚志。观唐虞夏商周于《尚书》，得伊尹、周公之志；继以《诗》，则记言、记事之外，采风什雅，感人音律，幽歌雅咏，胥见其志，见盛周之全也；《诗》亡然后《春秋》作，孔子志在《春秋》，《春秋》者，天子之事也。故必有志，然后乃可言学。数千余年，学之衰弊，害于荀子，若必兴孔，端在孟子。《诗》《书》《春秋》，统归而摄于《礼》，《荀子·礼论》无创制之意，《中庸》本诸身，征诸人，皆制作之能。学《荀》未免为弊人，学《孟》然后为豪杰之士也。有志然后能文章，更能进于性天。《礼》须囊括宇宙，《易》则必超于六合之外；《礼》唯集中国之大成，《易》则必契般若、瑜伽之妙，而得不可思议之神。《中庸》之素隐不已与修道，语语皆与涅槃寂静相符，渐既揭之矣，而《易》之契般若、瑜伽者，留待能者可乎！自来说经，唯《易》采道家语，而犹未能融佛氏理，蕅益《禅解》，八股时文最足害人。发菩提心，超祖越佛者，干云直上，唯见遍周沙界，真幻一味，则必不遗《易》与瑜伽之参究者欤！

　　三段私见，若解经家都愿学孔，或不河汉视之。

三十二年二月一日

附录

《中庸》传

绪言

一、学有概论，乃有系统，虽不得全，犹知其概。孔学有系统谈，止是《中庸》一书，《大学》犹所不及。顾幸有概论，而又为乡愿所诬，则与无概论等。虽然，概论而原无，不害其无；概论而乱有，实害其有。故欲探学，必辨概论。

二、认寂本体。人非丧心病狂，无不知重自家本体。何为本体？寂灭是也。寂灭非顽空无物也，乃人欲净尽，灭无一毫，而后天理纯全，尽情披露，寂灭寂然，是其相貌，故寂灭为本体也。天下充量，动曰全体，全体者，广大义，顾广大谁逾于寂？天下至竟，动曰实体，实体者，精微义，顾精微谁逾于寂？是故寂之为体也。体但名字，广大精微之寂，则实相也。人但缘目前小境，不肯缘全体大寂者，小儿不知天厨糗备，自不舍手中饼饵，无怪然也。此有三事：一、错；二、骇；三、怖。达者则异。一错者，不知人欲毫不可留，不知天理别有乾坤，但认寂灭全体无存，此其错也。韩愈误清净寂灭，遂恶清净寂灭，并使千载至今，张冠李戴，岂不冤哉！人何以服韩而不信圣，书难读也，习易从也，蔽之为害也，须辨也。演若达多，晨朝揽镜，自怪其头，骇绝狂走，盖由误来，乃至恶自而骇自，宁有日而返自？故宜辨急也。误而骇，骇而怖，然无可怖，鱼日在水中，人日在寂中，寂焉可离，怖亦不得，但辨之，即哑然也。故欲研《中庸》，须先认寂。

三、为众立教。止有寂灭，是大王路，曾无人道歧于天道，然人质有殊，而皆可尧舜，是以方便，依天道性，立人道教。依天道性，虽杂染种，而随顺清净种，由随顺趣向，而引发转变，乃胎脱其凡家生于圣。是则教与非教之判，判之于寂灭清净是依，流转杂染是随而已，而世见不知也。形色天性也，然是杂染种寄居清净种之场，而不可随也。教之为舍染取净，依于清净而引发其种也。是故性无顿渐，而教有等差。

四、切求功夫。功夫止是一不已而已，念念相续，无有间断，身语意业，无有疲厌是也。性修非二，二则功夫全然不是；性修非一，一则已至，不用功夫，故曰不已。不欺也，善推其所为也，苟能充之也，拳拳服膺也，固执也，立见其参于前也，在舆则同见其倚于衡也，一物也。心莫知其向，何所术而使之不已，然有二方便，曰：厚植善根，增上善知识。厚植善根，不外乎时习，譬如牧牛，若趋水草，狃之归路，久则驯熟而有势引。势引者，根力强厚，如开导依，开前导后，谓之曰引。诗翁陈散原，一日谓予：作诗如有嗜好者，役命于瘾，转辗不舍，功于是深，瘾之为言引也。善知识者：一、人；二、法；三、作观；四、离扰。人，为师友；法，为图书；作观，如十目所视，十手所指，如《净行品》一百四十当愿众生；离扰，则可已之缘应远离，持戒第一。

五、非一人之中庸，非高谈性命之中庸。谈者曰：习定是个人事，然则治天下国家，须终日扰攘耶？丛脞之谓何？故知非一人之中庸，而天下之中庸。谈者曰：中庸高谈性命，何补经权？然则所谓九经不必一诚耶？离位育参赞，诚不知其复何所为谓之实事。

六、非乡愿中庸。中国自孟子后数千年来，曾无豪杰，继文而兴，盖误于乡愿中庸也。狂狷中庸，义利之界严，取资之路宽；乡愿中庸，义利之实乱，取资之径封。似义实利，别为一途，如半择迦非男非女、亦男亦女，如不死矫乱非是非非、亦是亦非。其曰无过不及之谓中，则迷离恍惚，无地可蹈也；其曰平常之谓庸，随俗浮沉，无萃可拔也。东海西海，圣人心理无不皆同，而斥为异端，简为禅学，防为淫声女色，一不相避即入其玄，无非凡心支解圣量，遂使心思慧命，戕贼天下后世于邪慝之手，乃犹曰中庸法尔而然也，人皆尽承曰中庸法尔而然也，嗟乎冤哉！

为上六端，作《中庸传》。

民国二十九年一月
欧阳渐述于江津支那内学院

中庸传

喜怒哀乐之未发谓之中，发而皆中节谓之庸。中，即无思无为、寂然不动之寂；庸，即感而遂通天下之故、之通。《庄子》：庸也者，用也；用也者，通也；通也者，得也，适得而几矣，因是已，已而不知其然之谓道。易穷则变，变则通也。寂曰大本，通曰达道，寂而通曰中庸。未发寂也，与寂相应而中节，发亦寂也，寂即隐也。《中庸》有隐名，无寂名，故曰《中庸》素隐之书也。

《中庸》三大义，曰修道，曰素隐，曰不已。隐，道也；素隐，修道也；素隐而不已，修之成也。

文诠三义，为三科：曰略论，曰广论，曰结论。

第一科略论，有三，初诠修道。人皆可以为尧舜，而中下人多，特开方便，建立修道之教，虽修属于人，而道则皆天，趣向于天，修而不已，成功则一，故于人道而溯源天道。

天命之谓性，率性之谓道，修道之谓教。

初诠修道。命犹道也，天命，天之道也。先天而天弗违之道，一阴一阳，现成天然也。继之者善，成之者性，天命不已，贯彻终始，谓之性也。率性者，后天而奉天时之道，不思而得，不勉而中，从容中道，亦天然现成也。此率性，是生知安行事，自诚明谓之性，天道也。修道以仁，礼所生也。有至德在位而作礼乐，为国以礼，谓之为教。此修道，是学知利行、困知勉行事，自明诚谓之教，人道也。

道也者，不可须臾离也，可离非道也。是故君子戒慎乎其所不睹，恐惧乎其所不闻。莫见乎隐，莫显乎微，故君子慎其独也。

次诠素隐。天命不已之为性，故须臾不离之为道。须臾之

不离是毕竟道，故不睹、闻之戒、惧，为毕竟修。毕竟者，大本
也；大本者，中也；中者，隐也，乃其所以为中而素隐也。诚
不可掩，大德必受命，虚妄则忽焉没己，真实则日月常昭。用
为见显，体是隐微。有大本之体中，然后乃有达道之用庸。君
子慎独，独者隐也，乃其所以为庸而素隐也。莫见乎隐，君子
之道，费而隐也；莫显乎微，鬼神之德，微之显也。

喜怒哀乐之未发，谓之中；发而皆中节，谓之
和。中也者，天下之大本也；和也者，天下之达道
也。致中和，天地位焉，万物育焉。

后诠不已。本曰大，道曰达，量不局于一隅也。充大与达
之量，必天地位、万物育，其体在隐，其功在致。在隐，则喜
怒哀乐未发上求，发皆中节上求；在致，则拳拳弗失仁勇上
求，温故知新上求。其次致曲，致而不已，至诚如神，可以赞
天地之化育矣。人道、天道，一也。

第二科广论。文分六段：一段，广修道之德；二段，广道
之隐；三段，广修之诚；四段，广修之不已；五段，广修道之
礼；六段，广致中庸之成。或分三段：初，道隐，为
境；次，修诚、修不已、修礼，为行；后，致成，为果也。初段
广修道之德，有三节：

仲尼曰："君子中庸，小人反中庸。君子之中庸
也，君子而时中。小人之反中庸也，小人而无忌
惮也。"

初节，小人反中庸。君子畏天命、畏大人、畏圣人之言，所

以时中。小人不知天命而不畏也，狎大人，侮圣人之言，是以无忌惮。君有短垣而自逾之，无所不至矣。上天下泽履，履者礼也，为国以礼，辨上下，定民志，大畏民志，此谓知本。本实先拨，天下大乱而不止矣。

子曰："中庸其至矣乎！民鲜能久矣。"子曰："道之不行也，我知之矣：知者过之，愚者不及也。道之不明也，我知之矣：贤者过之，不肖者不及也。人莫不饮食也，鲜能知味也。"

次节，民鲜能中庸。饮食过量不及量是一事，饮食知味是一事。中不在过、不及上求，亦不在非过、非不及上求，扪烛扣盘❶，盲焉得日？瞀珠怀宝，不悟终贫。仁者见之谓之仁，智者见之谓之智，百姓日用而不知，故君子之道鲜矣。

后节，君子能中庸。有二：初，分述达德；后，总明达德之行。初分叙达德，又三：

子曰："道其不行矣夫！"子曰："舜其大知也与！舜好问而好察迩言，隐恶而扬善，执其两端，用其中于民，其斯以为舜乎！"

一不能中庸者，不如舜之知也。好问则裕，自用则小也。夫妇密迩，察以至天地也。君子以遏恶扬善，顺天休命也。齐乎物论，道并行不悖也；素隐不已，用中于民也。

❶ "盘"，原作"槃"。——校者注

子曰："人皆曰予知，驱而纳诸罟擭陷阱之中，而莫之知辟也。人皆曰予知，择乎中庸，而不能期月守也。"子曰："回之为人也，择乎中庸。得一善，则拳拳服膺而弗失之矣。"

二不能中庸者，不如回之仁也。颜子心斋坐忘，三月不违仁。

子曰："天下国家可均也，爵禄可辞也，白刃可蹈也，中庸不可能也。"子路问强。子曰："南方之强与？北方之强与？抑而强与？宽柔以教，不报无道，南方之强也，君子居之。衽金革，死而不厌，北方之强也，而强者居之。故君子和而不流，强哉矫！中立而不倚，强哉矫！国有道，不变塞焉，强哉矫！国无道，至死不变，强哉矫！"

三不能中庸者，不如子路之勇也。辞爵不报，南方之忍；蹈刃不厌，北方之劲；皆不能中庸。君子和则中节，中为天下立本，而始终不变。故闻柳下惠之风者，鄙夫宽，薄夫敦；闻伯夷之风者，顽夫廉，懦夫有立志；闻史鱼之风者，邦有道如矢，邦无道如矢。此孔子所以恶乡愿而思狂狷也。

下总明达德之行。

子曰："素隐行怪，后世有述焉，吾弗为之矣。君子遵道而行，半途而废，吾弗能已矣。君子依乎中庸，遁世不见知而不悔，唯圣者能之。"

素隐之名立于此。素之为言本也，隐之为言寂也，不言本寂而言素隐，则中庸之言也。达德乌乎行？所以行之者，一也；一者，诚也。君子居素隐之名而行离道之怪，不诚非知也。然君子遵道而行，而不能始终不已，非仁也。君子依中庸行，不知而不悔，则神勇也。《易》曰："龙德而隐者，不易乎世，不成乎名，遁世无闷，不见是而无闷，乐则行之，忧则违之。"确乎其不可拔也。怪行，虽有述而弗为。中庸而不悔无所得行，地上无漏者行也。

二段广道之隐。此有二节：一节，君子之道费而隐也；二节，鬼神之德微之显也。费而隐，即道不离也；微之显，即莫见莫显也。此所谓素隐之中庸也。费而隐节又三：初，费即是隐；次，隐不离费；三，素位而行。夫费即是隐，芥子所以内须弥也；隐不离费，无量不出乎现量也，知隐周法界，而后费之大小可以不拘；君子居素位之行，而惟持有素隐之功，此其所以为中庸也。岂不必素隐，而但素位之为中庸哉！中庸三大义，根依惟在素隐。修道立教，为素隐而立教也；推行不已，为素隐而不已也。明乎素隐一义，而后可以谈彼二义。

君子之道，费而隐。夫妇之愚，可以与知焉，及其至也，虽圣人亦有所不知焉。夫妇之不肖，可以能行焉，及其至也，虽圣人亦有所不能焉。天地之大也，人犹有所憾。故君子语大，天下莫能载焉；语小，天下莫能破焉。《诗》云："鸢飞戾天，鱼跃于渊。"言其上下察也。君子之道，造端乎夫妇，及其至也，察乎天地。

此明道唯是隐也。道唯是隐，诚为物体也。譬如百体，听命天君，心不在焉，视而不见，不诚无物，无费不隐。诚，隐也；隐，寂也；寂，广大精微也；广大精微，无穷无尽也。有量有边之费，即无穷无尽之隐之所寓。举费，则夫妇与知能；举隐，则圣固不穷尽。天地大小，费也，大犹有憾，莫载莫破，则无穷无尽之隐矣。飞跃造端，费也；戾天于渊，察乎天地，则无穷无尽之隐矣。费而隐，盈天地间皆道，盈天地间皆隐也。象山悟宇宙原是无穷无尽，悟宇宙内事即吾分内事，吾分内事即宇宙内事，知隐也。《楚辞》王注："费，光貌也，察视也。"

子曰："道不远人，人之为道而远人，不可以为道。《诗》云：'伐柯伐柯，其则不远。'执柯以伐柯，睨而视之，犹以为远。故君子以人治人，改而止。忠恕违道不远，施诸己而不愿，亦勿施于人。君子之道四，丘未能一焉。所求乎子，以事父，未能也；所求乎臣，以事君，未能也；所求乎弟，以事兄，未能也；所求乎朋友，先施之，未能也。庸德之行，庸言之谨，有所不足，不敢不勉，有余不敢尽。言顾行，行顾言，君子胡不慥慥尔？"

此明隐不离费也。盈天地间皆隐，故人之为道，道不离乎人，彼不离乎此，恕不离乎忠，彼之所求，不离乎此之未能也。何谓道不离乎人、彼不离乎此耶？道不远人者，人之为道也；仁也者，人也；合而言之，道也。若以道远人，不可以为道矣。若执柯伐柯，视此人之则，造彼人之治，人我之界存，道亦犹以为远矣。是以君子以人治人，但改而止。而，汝也。为人君止于仁，为人臣止于敬，为人子止于孝，为人父止于慈，与国人交止于信。改止，君改其不止于仁，臣改其不止于敬，子改其不止于孝，父改其不止于慈，交改其不止于信而已，所谓思不出其位也。何谓恕不离乎忠耶？能止曰忠，充忠之量曰恕，但是一施，无间乎人之与己，一贯之为，吾道也。何谓彼之所求不离乎此之未能耶？人二而道一，人封而道通也。隐不离费，是故君子处费而素隐，言行于庸，必求乎中节而应乎中，欲讷于言而敏于行也。言行者，君子之所以动天地也，可不慎乎！

君子素其位而行，不愿乎其外。素富贵，行乎富贵；素贫贱，行乎贫贱；素夷狄，行乎夷狄；素患难，行乎患难。君子无入而不自得焉。在上位，不陵下；在下位，不援上。正己而不求于人，则无怨，上不怨天，下不尤人，故君子居易以俟命，小人行险以徼幸。子曰："射有似乎君子，失诸正鹄，反求诸其身。"君子之道，辟如行远必自迩，辟如登高必自卑。《诗》曰："妻子好合，如鼓瑟琴。兄弟既翕，和乐且耽。宜尔室家，乐尔妻帑。"子曰："父母其顺矣乎！"

此明素位而行也。盈天地间皆隐，君子能素隐，故行但素位，素位即所以素隐也。随其行于富贵、贫贱、夷狄、患难之位，而无不得其自于中庸之隐。无不得其隐，则所谓不陵、不援，不怨、不尤，俟命而反求，亦何惮而不为欤？卑迩而高远，宜家而父母顺，亦无非素得其隐而已。君子本素隐之中庸，而行于素位，乡愿则剑素位之中庸，而不言素隐。媚世求容，何所用凉凉踽踽、藏身求固，何必不憧憧尔思？乃使天下之人循习安常，老死牖下，曾无豪杰，不文而兴，醉梦悠悠，安知身外？盖未有害于尔家、凶于尔国之至于此极也。

下第二节，微之显也。微之显，又二：初，鬼神体物之显；次，先王制礼之显。

子曰："鬼神之为德，其盛矣乎！视之而弗见，听之而弗闻，体物而不可遗。使天下之人，齐明盛服，以承祭祀，洋洋乎如在其上，如在其左右。《诗》曰：'神之格思，不可度思，矧可射思？'夫微之显，诚之不可掩如此夫！"

此鬼神体物之显也。死归于土，谓之为鬼。其气则发扬于上，为昭明焄蒿凄怆，百物之精有所附丽，谓之为神。神，聪明正直而一者也，总一诚之为之也。鬼神不可视听，微之至也。然为物体，无物可遗，则显之至矣。至诚交于神明，如在格思，显至如此，又可掩欤？诚不可掩而必举鬼神者，鬼神隐也，隐而后诚也。

下，先王制礼之显。亦二：一、舜受命之显；二、文王以武周制礼之显。先王与鬼神合德，立于礼，犹不遗于体。

子曰："舜其大孝也与！德为圣人，尊为天子，富有四海之内，宗庙飨之，子孙保之。故大德必得其位，必得其禄，必得其名，必得其寿。故天之生物，必因其材而笃焉，故栽者培之，倾者覆之。《诗》曰：'嘉乐君子，宪宪令德……宜民宜人，受禄于天。保佑命之，自天申之。'故大德者必受命。"

舜受命之显如此。

子曰："无忧者，其唯文王乎！以王季为父，以武王为子，父作之，子述之。武王缵大王、王季、文王之绪，壹戎衣而有天下，身不失天下之显名，尊为天子，富有四海之内，宗庙飨之，子孙保之。武王未受命，周公成文武之德，追王大王、王季，上祀先公以天子之礼。斯礼也，达乎诸侯、大夫，及士、庶人。父为大夫，子为士，葬以大夫，祭以士；父为士，子为大夫，葬以士，祭以大夫。期之丧，达乎大夫；三年之丧，达乎天子；父母之丧，无贵贱，一也。"子曰："武王、周公其达孝矣乎！夫孝者，善继人之志，善述人之事者也。春秋，修其祖庙，陈其宗器，设其裳衣，荐其时食。宗庙之礼，所以序昭穆也；序爵，所以辨贵贱也；序事，所以辨贤也；旅酬下为上，所以逮贱也；燕毛，所以序齿也。践其位，行其礼，奏其乐；敬其所尊，爱其所亲；事死如事生，事亡如事存，孝之至也。郊社之礼，所以事上帝也；宗庙之礼，所以祀乎其先也。明乎郊社之礼、禘尝之义，治国其如示诸掌乎!"

文王以武、周制礼之显如此。五礼莫大于丧祭，三年之丧，达乎天子，但有良心而无贵贱，立人道之大本，物之受命于心也。庙中者，四竟之象也，族姓之不淆也，上下之有序也，才能之有选也，群众之得情也，老之有敬尊也，一日之有事，一国之化治也。礼乐而尊亲，死亡而生存，事帝祀天，皆以至诚之极。达至微于至显之场，虽参天赞化而不难，又何有于治国!

三段广修之诚。自"哀公问政"，至"择善而固执之者也"，《家语》亦载此文。有四节：初，明修道之概端；次，明行道以德，行德以诚，终无顿渐之别而始有引导之宜；三，明修身以及天下国家，不外知三行一；四，明诚与诚之者，其始有别，而终则同。

哀公问政。子曰："文武之政，布在方策。其人存，则其政举；其人亡，则其政息。人道敏政，地道敏树。夫政也者，蒲卢也。故为政在人，取人以身，修身以道，修道以仁。仁者，人也，亲亲为大。义者，宜也，尊贤为大。亲亲之杀，尊贤之等，礼所生也。在下位不获乎上，民不可得而治矣。故君子不可以不修身；思修身，不可以不事亲；思事亲，不可以不知人；思知人，不可以不知天。"

此明修道之概端也。为政在人，人必修身而修道。修道以仁义，而极于礼，故君子修身事亲，而极于知人知天。知人则俟圣不惑，知天则鬼神无疑，此唯诚为能。诚者天之道也，天道者诚也。

下明行道以德，行德以诚，终无顿渐之别，而始有引导之宜。

"天下之达道五，所以行之者三。曰：君臣也，父子也，夫妇也，昆弟也，朋友之交也。五者，天下之达道也。知、仁、勇三者，天下之达德也。所以行之者，一也。"

此明行道以德，行德以诚。五、三，一是也。

"或生而知之，或学而知之，或困而知之，及其知之，一也。或安而行之，或利而行之，或勉强而行之，及其成功，一也。"子曰："好学近乎知，力行近乎仁，知耻近乎勇。"

此明终无顿渐之殊，而始有引导之宜也。朱氏云："闻道有蚤莫，行道有难易，自强不息，其至则一。"吕氏云："愚者自是，自私者殉欲，懦者甘下人。好学非知，然足破愚；力行非仁，然足忘私；知耻非勇，然足起懦。"

下明修身以及天下国家，不外知三行一。

知斯三者、则知所以修身；知所以修身，则知所以治人；知所以治人，则知所以治天下国家矣。

此知三也，用诚之具也。下，行一也，用诚于所事之九经也。

凡为天下国家有九经，曰：修身也，尊贤也，亲亲也，敬大臣也，体群臣也，子庶民也，来百工也，柔远人也，怀诸侯也。

九经之目。

修身，则道立；尊贤，则不惑；亲亲，则诸父昆弟不怨；敬大臣，则不眩；体群臣，则士之报礼重；子庶民，则百姓劝；来百工，则财用足；柔远人，则四方归之；怀诸侯，则天下畏之。

九经之效。

齐明盛服，非礼不动，所以修身也；去谗远色，贱货而贵德，所以劝贤也；尊其位，重其禄，同其好恶，所以劝亲亲也；官盛任使，所以劝大臣也；忠信重禄，所以劝士也；时使薄敛，所以劝百姓也；日省月试，既廪称事，所以劝百工也；送往迎来，嘉善而矜不能，所以柔远人也；继绝世，举废国，治乱持危，朝聘以时，厚往而薄来，所以怀诸侯也。

九经之事。

凡为天下国家有九经，所以行之者，一也。

自修身以至治天下国家之事，壹是用诚为本，犹《大学》之条目也。

下，明诚与诚之者，其始有别，而终则同。初、明善；次、天道人道，差而无差。

凡事豫则立，不豫则废。言前定则不跲，事前定则不困，行前定则不疚，道前定则不穷。在下位不获乎上，民不可得而治矣；获乎上有道，不信乎朋友，不获乎上矣；信乎朋友有道，不顺乎亲，不信乎朋友矣；顺乎亲有道，反诸身不诚，不顺乎亲矣；诚身有道，不明乎善，不诚乎身矣。

初，明善也。以四类徵豫之立，言行事道。而道自治民，五推而至明善，乃知止在于至善也。

诚者，天之道也；诚之者，人之道也。诚者，不勉而中，不思而得，从容中道，圣人也。诚之者，择善而固执之者也。博学之，审问之，慎思之，明辨之，笃行之。有弗学，学之弗能弗措也；有弗问，问之弗知弗措也；有弗思，思之弗得弗措也；有弗辨，辨之弗明弗措也；有弗行，行之弗笃弗措也。人一能之，己百之；人十能之，己千之。果能此道矣，虽愚必明，虽柔必强。自诚明，谓之性；自明诚，谓之教。诚则明矣，明则诚矣。

次，天道人道，差而无差也。诚者，天道；诚之者，人道。标也。

继之者善，成之者性，率性则全善在握也，全善在握无所事于智仁勇，不勉而无不仁，不思而无不知，从容而无不勇。此所谓诚者天道，行无所得行，入地圣人能之。其次，则诚之者人道，不能握全善，犹能明善而得一善，又能以仁勇而固执之也。释也。

学问、思辨，是择善事；笃行，是固执事；学知利行以之。知行不已，百倍其功，神勇若此，明强必矣，况非愚柔哉！困知勉行以之。惟有致力，曾无成败，教有困勉，圣无独据矣。广释也。

自成之诚，握全善之明，为率性之性。自中得一善之明，执之不已，至自成之诚，为修道之教。及其成功，诚明不二，天人无差。结也。

四段，广修之不已。有四节：初，明天人不已之殊；次，明诚与不已之所以；三，明不已之呈象；四，明不已是天与圣行之体。道以不已而大，功以不已而成，圣凡以不已而判，修道之具，不已而已，此孔学之惟一义也。

唯天下至诚，为能尽其性；能尽其性，则能尽人之性；能尽人之性，则能尽物之性；能尽物之性，则可以赞天地之化育；可以赞天地之化育，则可以与天地参矣。其次致曲，曲能有诚，诚则形，形则著，著则明，明则动，动则变，变则化，唯天下至诚为能化。至诚之道，可以前知。国家将兴，必有祯祥；国家将亡，必有妖孽。见乎蓍龟，动乎四体。祸福将至，善必先知之，不善必先知之。故至诚如神。

此明天人不已之殊也。天道之圣，但以四事以充其量，以至于成，其性人性物性天地化育，尽而赞之，与天地合德矣。至夫人道之君子，不能四事充量，则必由六等之教推而致之。自初至终，念念不已，则亦至诚矣。夫所谓不已者，不已于不勉不思从容之圣道是也，道惟有一，顿亦由之，渐亦由之也。六等之中：善、信、美、大，是加行智，地前有漏境界；圣、神，是根本、后得智，地上无漏境界也。

其次致曲，曲一善也，一善而致之，可欲之谓善也。曲能有诚，诚自慊也；自慊而自得，有诸己之谓信也。诚则形，形则著，充于内者溢于外，成形暴著，充实之谓美也。著则明，焕乎其有文章，充实而有光辉之谓大也。凡此皆加行智也。明则动，有漏善引发无漏善也。动则变，变之为易种也，烦恼相应有漏种如莠，寂灭相应无漏种如嘉禾，种各不同，趣向易位，谓之为变也。变则化，浑然无漏，发生现行也，唯天下至诚为能化，则根本智而入地矣，所谓大而化之之谓圣也。夫道一而已矣，是非歧二不谓之道。有漏、无漏异种之说，外典所无，此文有所义，应以内典释而明之。释而明之，而后千载以后圣凡有判，因果有趣，不系三有，咸入涅槃。至诚全体之明，在前而知后，物自呈形，不由人索，故至诚前知如神，圣而不可知之之谓神也。地前，惟加行智；初地至八地，根本、后得智；八地至十地，唯后得智。中庸一宗趣，详于素隐；中庸三智三渐次，详于此文也。然后知中庸为修道之教也。

诚者，自成也；而道，自道也。诚者，物之终始，不诚无物。是故君子诚之为贵。诚者，非自成己而已也，所以成物也。成己，仁也；成物，智也。性之德也，合外内之道也。故时措之宜也。故至诚无息。

此叙诚与不已之所以也，诚何以为自成耶？本心之谓自，即一阴一阳之谓道也。无欠之谓成，即继之者善、成之者性也。《大学》述诚意曰毋自欺，盖后念本心不异前念本心，即继之者善、止于至善也。曰自慊，本心无欠好恶至于快足，即成之者性也。合三经而读之，乃得确解，曰诚者本心无欠之自成也。率性为道，道不离乎自也，如是凡物皆不离乎自也。君子知诚物不二，其于物也，见诚不见物，诚贯终始，故物有终始。众人离诚物为二，其于物也，见物不见诚，终始无诚，故终始无物。格物以诚意，曰君子贵诚。诚者贵，诚之者亦贵，此一句也。全体为诚，于己自成，于物亦然。择善而固执之，是为成己之仁；明照于全体，是为成物之知。性成而德得，成性存存道义之门。合内外全体之道，而发者中节，无往不宜也。曰至诚无息，诚之者无息，诚者亦无息，此一句也。

不息则久，久则徵，徵则悠远，悠远则博厚，博厚则高明。博厚，所以载物也；高明，所以覆物也；悠久，所以成物也。博厚配地，高明配天，悠久无疆。如此者，不见而章，不动而变，无为而成。天地之道，可壹言而尽也：其为物不贰，则其生物不测。天地之道，博也，厚也，高也，明也，悠也，久也。今夫天，斯昭昭之多，及其无穷也，日月星辰系焉，万物覆焉。今夫地，一撮土之多，及其广厚，载华岳而不重，振河海而不泄，万物载焉。今夫山，一卷石之多，及其广大，草木生之，禽兽居之，宝藏兴焉。今夫水，一勺之多，及其不测，鼋鼍蛟龙鱼鳖生焉，货财殖焉。

此叙不已之呈象也。朱义：久常于中，徵验于外，悠远、博厚、高明，皆验于外也。覆载成物，与天同用；配天地而无疆，与天同体。如此者，章不待见，变不待动，成不待为，即体即用，即寂即通，盖至诚不息之呈象如此。此一句也。博厚、高明、悠久，为物不贰，天地山川生物不测，盖天地不息之呈象如此。此一句也。

《诗》曰："维天之命，于穆不已。"盖曰天之所以为天也。"於乎不显，文王之德之纯。"盖曰文王之所以为文也，纯亦不已。

此叙不已为天行圣行之体也。天行健，君子以自强不息。所以为天，所以为圣，既得之矣，天与圣而违我哉？此中庸所以为须臾不离全体，见显而素隐也。成以言境，不已以言行，厚殖种姓，善友增上，致行之始功也。

五段广修道之礼。分四：初、叙礼必德而行；次、叙修德之足乎己；三、叙修德之信乎民；四、叙君子作礼之效。为国以礼教之至也，故微之显叙丧祭之显，修身为政，以礼所生为政，此之修道以崇礼、制礼为修道也。

大哉圣人之道！洋洋乎发育万物，峻极于天。优优大哉，礼仪三百，威仪三千。待其人而后行。故曰：苟不至德，至道不凝焉。

此叙礼必德而行也。育物制礼，必圣人而在天子之位，故曰待人。又反言以足之。

故君子尊德性而道问学，致广大而尽精微，极高明而道中庸，温故而知新，敦厚以崇礼。是故居上不骄，为下不倍。国有道，其言足以兴；国无道，其默足以容。《诗》曰："既明且哲，以保其身。"其此之谓与！子曰："愚而好自用，贱而好自专，生乎今之世，反古之道，如此者，灾及其身者也。"

此叙修德之足乎己也。尊德性，率性也；道问学，修道也。随顺、趣向、临入，则修道亦率性也，此句言修道也。广大，达道之庸也；精微，大本之中也；致、尽，皆扩充意，即致中庸之意，此句言素隐也。如切如磋者，道学也，即道问学也；如琢如磨者，自修也，即尊德性也；瑟兮僩兮者，恂栗也，即尽精微也；赫兮喧兮者，威仪也，即致广大也。《大学》以格物言，《中庸》以致中和言也。必极其功效于高明配天，而率履乎时中庸德。时习其故有，而增进其新知，皆不已之意。如是笃实修德以钦崇于礼焉。君子时中，是以崇礼，不骄而忽徵，不倍而越尊；小人无忌惮，是以轻礼，骄不求徵，倍越其尊。吉凶判矣。

非天子，不议礼，不制度，不考文。今天下车同轨，书同文，行同伦。虽有其位，苟无其德，不敢作礼乐焉；虽有其德，苟无其位，亦不敢作礼乐焉。子曰："吾说夏礼，杞不足徵也；吾学殷礼，有宋存焉；吾学周礼，今用之，吾从周。"王天下有三重焉，其寡过矣乎！上焉者，虽善无徵，无徵不信，不信民弗从。下焉者，虽善不尊，不尊不信，不信民弗从。故君子之道，本诸身，徵诸庶民，考诸三王而不谬，建诸天地而不悖，质诸鬼神而无疑，百世以俟圣人而不惑。质诸鬼神而无疑，知天也；百世以俟圣人而不惑，知人也。

此叙修德之信乎民也。信乎民而民从者有三：一德，二位，三徵。徵又开四：天地、鬼神，以知天；前王、后圣，以知人。

是故，君子动而世为天下道，行而世为天下法，言而世为天下则。远之则有望，近之则不厌。《诗》曰："在彼无恶，在此无射。庶几凤夜，以永终誉。"君子未有不如此而蚤有誉于天下者也。

此叙君子作礼之效也。已足民从，有所动作，有所言行，乌得而不风靡？是以君子素隐。

六段广致中庸之成。有三：初以如天赞成，次以配天赞成，后以其天赞成。

仲尼祖述尧舜，宪章文武，上律天时，下袭水土。辟如天地之无不持载，无不覆帱；辟如四时之错行，如日月之代明。万物并育而不相害，道并行而不相悖，小德川流，大德敦化，此天地之所以为大也。

此以如天赞成也。一，序成；二，明赞。朱义：远有所宗，近有所法，运本自然，理循一定，知天知人之大成也。覆载而并育不害，错代并行不悖。盖大德之化无疆，所以并育并行也；小德之流有系，所以不害不悖也。取辟四事，赞所成之大也。

唯天下至圣，为能聪明睿知，足以有临也；宽裕温柔，足以有容也；发掘刚毅，足以有执也；齐庄中正，足以有敬也；文理密察，足以有别也。溥博渊泉，而时出之，溥博如天，渊泉如渊。见而民莫不敬，言而民莫不信，行而民莫不说。是以声名洋溢乎中国，施及蛮貊；舟车所至，人力所通；天之所覆，地之所载；日月所照，霜露所队。凡有血气，莫不尊亲，故曰配天。

此所以配天赞成也。一，序成；二，明赞。朱义：聪明睿知，生知之质，其下四者，仁义礼智之德。充积于中，时发于外，庸德之大成也。天德及民，民信从之；圣德及民，民信从之，乃无少异。所以以配天赞成也。

唯天下至诚，为能经纶天下之大经，立天下之大本，知天地之化育，夫焉有所倚？肫肫其仁，渊渊其渊，浩浩其天。苟不固聪明圣知，达天德者，其孰能知之？

此以其天赞成也。一，序成；二，明赞；三，叙知圣之难而自赞叹。经纶大经者，即是九经，所谓达德之庸也。立大本者，即中；中也者，天下之大本也。知化育者，即天地位、万物育也。生天生地，为一切倚，而倚一切哉，中庸之大成也。朱义：以经纶言肫肫，以立本言渊渊，以知化言浩浩，以其天非特如天，以赞成也。聪明圣知，虽生知全善，然与学、困之得，一善无殊，如阳明所谓"镒两不同，真金则一"也。达德为智仁勇，达天德则所以行之惟一诚。苟不固执其择善而达德于一诚者，其孰能窥识圣相而表彰之哉！此子思之知圣而自赞叹也。

第三科结论，结于素隐也。略、广论《中庸》已竟，复又结而论之，如《骚》之乱是也。一，入德以隐；二，修己及人治国平天下以隐；三，示隐之真相。

《诗》曰："衣锦尚纲。"恶其文之著也。故君子之道，闇然而日章；小人之道，的然而日亡。君子之道，淡而不厌，简而文，温而理，知远之近，知风之自，知微之显，可与入德矣。

此叙入德之隐也。朱义：淡、简、温，状闇然之象。不厌而文且理，状日章之象。远之近，见于彼者由于此。风之自，著乎外者由乎内，此言大本在中也。微之显，此言寂无不通也。知二者之在隐，则知素隐，而有方便之门。

《诗》云："潜虽伏矣，亦孔之昭。"故君子内省不疚，无恶于志。君子之所不可及者，其唯人之所不见乎！《诗》云："相在尔室，尚不愧于屋漏。"故君子不动而敬，不言而信。《诗》曰："奏假无言，时靡有争。"是故君子不赏而民劝，不怒而民威于鈇钺。《诗》曰："不显惟德，百辟其刑之。"是故君子笃恭而天下平。

此叙修己及人治国平天下以隐也。引《正月》诗而无恶于志，隐以修己也。引《抑》诗而敬信于不动不言，隐以及人也。引《烈祖》诗而劝威于不赏不怒，隐以治国也。引《烈文》诗而百辟刑于不显，隐以平天下也。《大学》明明德于天下，《中庸》素隐于天下也。

《诗》云："予怀明德，不大声以色。"子曰："声色之于以化民，末也。"《诗》曰："德辑如毛。"毛犹有伦。"上天之载，无声无臭。"至矣！

此示隐之真相也。明德、中庸，名异义一。示明德真相，即所以示中庸真相也。举声色之不大，以状明德也，而不知声色已根本非是；举毛之本微以状明德也，而不知毛犹有对而非是。绝对之象，声臭且无，非寂灭之境而何？是则明德之象，寂灭象也；中庸之象，寂灭象也。寂灭之为至善矣，止矣，篾以加矣！示隐之真相如此。

合观略、广、结论，则"略"之为不离见显而素隐也，"广"之为费而隐、微之显而素隐也，"结"之入德与修己及人治国平天下莫不皆素隐也。诚哉！《中庸》之为书也，素隐之书也。

《心经》读

此文从《舍利子般若》抉出，旨要唯是表第一义谛，更无其余。如《十二门论》，抉《中论》十二义，示空三昧，入涅槃门，旨要唯是一空义也。又如咒之有心中心，十六分六百卷如咒，《心经》寥寥几句如咒心。故不读六百卷，不足以读寥寥几句；而不读寥寥几句，又不足以读六百卷也。

观自在菩萨，行深般若波罗蜜多时，照见五蕴皆空，度一切苦厄。

此总摄也。诸佛说法，莫不在第一义谛，第一义谛摄佛法尽，不但《般若》十六分及《心经》全义。《般若》表胜谛，三科、三乘毕竟空，胜谛一味平等，而无所得故。《瑜伽》诠法相，三科、三乘如幻有，法相万别千差，而不可乱故。然以真入俗，而俗必归真。以自体言虽不一，而以相应言仍不二，故说第一义摄圣法尽也。《深密》说胜义谛遍一切一味，一相无相，一味平等故也。所谓《心经》全义者，"皆空"之谓境，"行深般若"之谓行，"照见皆空"之谓果也。

云何"皆空"之谓境耶？皆空之境，菩萨自性空究极即毕竟空，遍一切一味佛境也。经言：一切如来皆用诸法真如不虚妄性、不变异性，显了诸菩萨行诸佛正觉。又言：如来如实证知真如无二，如来真如即五蕴真如，一切真如皆不相离，非一非异，无尽无二，亦无二分不可分别。又言：般若为不可思议，乃至无等等事，出现世间，诸法无自性、无限量，亦不可思议，乃至无等等。故云遍一切一味，故云皆空也。

云何"行深般若"之谓行耶？般若者，龙树谓是观实相慧。涅槃为实相，观慧则相应涅槃也。深般若者，经言：色亦甚深，真如甚深故，若处无色，名色甚深。又言：色无尽，故真如无尽，色与真如无差别故。是则深般若，唯一真如，更无其余也。行深般若者，观慧相应涅槃，行即相应观慧，相应之谓行也。龙树谓：如弟不违师，是名相应，随其观慧，能得能成，不增不减，是名相应。虽灭观法，而智力故，无所不能，无所不观，不堕二边，是名相应。如是相应，稽诸经言，有十四义，可得而陈：

原夫无余涅槃，厥有二相：寂静寂灭相，为毕竟空，为无所得，为义甚深，在十四相应中为离得行；无损恼寂灭相，为一切智智，为遍一切一味，为义广大，在十四相应中为圆证行。离得行者，般若毕竟离，菩提亦毕竟离，离法不得离法，而得菩提，又非不依止般若。此类相应，以不生不灭故有毕竟空行，甚深相应义处为空、无相、无愿乃至涅槃增语所显处，法不行法，法不见法，法不知法，法不证法是也。如是有梦业不著行，业以所缘起，觉增梦亦增，以是诸著一扫而空之。如是有不行行，不见般若，及空能所行法，复不得不见，入无生法忍。如是有不分别行，第一义谛都无分别，虚空幻士，机关化作，有何难易？又此类相应，以不垢不净故，有远离行，就众流转，施设染净，菩萨明本性皆空，视一切法无所有故。又此类相应，以不增不减故，有随喜回向行，法不相知相到，无自分胜进之殊，方便善巧，但有位异，而无义别，入以普贤，驯习势厚，迫近而几，所谓初发心即等正觉，所谓菩萨行行于佛境也，此行为入道之大要也。如是有初后不即离行，如灯燋炷，实不即离于初后。如是有心如不即离行，心不住生灭而住真如，虽异常住，而心如互不即离。上来九行，若能相应，为可称为无所得行也。

复次，圆证行者，佛证真如至极圆满，又复无相，故学一切智智，必于一切有情我皆灭度而学，念念不离圆证为佛境，以修一切为菩萨行。此类相应，有依空起愿行，兽贼饥疾，久劫诸畏，不唯不怖，乃更发愿，愿我众生无此大苦。此类相应，有不遣行，胜义谛相，取行坏遣一切俱非，将欲证大之圆满，岂犹堕小之断修？此类相应，有不证行，菩萨先念为学观空，非证观空，念已而入，心虽一往，自不取证，是故菩萨道相智行，须先发无上菩提心，乃能观空不证，箭箭注楛，发心势用，达于无表，力能无量，郑重初机，是亦何可忽于佛境哉，一切智智不娴，空谈发菩提心哉？此类相应，有不慢行，学佛大魔，乃在一慢，应问余友，菩提分法以何方便而不作证？菩萨虽在梦中，不著三界、二乘，虽除灾作佛事，而等若空无。上来五行，若能相应，为能遍一切一味行也。

夫十四相应，括为甚深、广大二义。而此二义，又非二事：探量之本广大，不离甚深；充本之量甚深，不离广大。是则观察一切法空，而不舍离一切众生，不可作二者得兼，而原是一事。是则无所得、遍一切一味，不可歧二，亦原是一事。声闻不能毕竟空，不能一切智智也。菩萨行相应行，一念起时，周遍法界，所言周遍法界者，空智皆周法界也。一切佛法在一毫端上，念念相续，不息不休，精积力久，吞铁浑仑。故唯求佛，于如是相应行而可忽诸？

云何"照见皆空"之为果耶？不见五蕴，照见皆空，是也。五蕴以何不见？不缘故不见，不缘诸法而起识故。以何不缘？不住色，不学色，不观色，所缘无相，非色变碍相，非受领纳相，非想取像相，非行造作相，非识了别相，故云不见。不见，则一切法无所得也。皆空以何照见？一切众生皆有佛性，不见故凡夫，见故证菩提。一切有情，等有真如，不见故流转，见故证涅槃。彼经眼见，此经照见，皆亲缘现见，非比量见，内证圣智，普发现于一真法界，尽未来际，无有止息，故云照见。照见则遍一切一味也。经言：遮遣五蕴，显示涅槃，不见则遮遣，照见则显示也。然无所得、遍一味，原非二事，有佛无佛，诸法常住，心性本净。凡夫无明，俾障正智，不得缘如；诸佛证觉，譬日当空，纤毫照彻；菩萨无所得，如月如镜，亦能照了也。般若能现世间实相，行相应于般若时，亦现世间实相，故云照见也。

"度一切苦厄"者，余依有苦，缠眠皆苦，上自地尽，下至情尽，莫不皆苦，故云一切。幽冥异路，水火异势，义利异趣，色空异事，然于一切力能皆同。是故度一切苦厄，须遍一切一味也。经言：自证等觉，施设正教，度众沉迷。一切如来莫不以度苦为事。

舍利子，色不异空，空不异色，色即是空，空即是色。受、想、行、识，亦复如是。

此引申也，引申遍一切一味义也。"色不异空"者，空无自性，色亦无自性，色空真如，无二无别故。如是应谈中道义。无明有爱中间，生老病死之苦，是名中道，十二因缘，不如声闻执为无常，非因非果、常恒无变故。常与无常，不能具说，堕边非中故。

"空不异色"者，经言：有为、无为，平等法性，说名胜义；非离有为，别有胜义谛。如是应谈如幻义。经言：是诸幻法，圣人亦现，但不执著。又言：圣以离言假立名相，如幻众事迷惑眼慧，不如所见坚执谛实，彼于后时不须观察。

"色即是空"者，烦恼即菩提，生死即涅槃也。"空即是色"者，经言：幻与有情及一切法乃至涅槃，设过涅槃，无二无别，皆不可得、不可说故。又言：变化与空，此二俱以空空故空，毕竟空中，非有空、化二事可得。

舍利子，是诸法空相，不生不灭，不垢不净，不增不减。

此引申也，引申无所得义也。"不生不灭"者，无著释龙树八不偈云：非灭不灭，非生不生，应知诸句皆如是说。不可说此法非灭故名不灭，世谛不异第一义，一相无相故。无自体如本性空，如此则是谛，若人不知此二谛之义者，彼于佛深法，则不知真实。是则谛不可异，而说有方便，应善读龙树妙偈，偈云：诸佛依二谛，为众生说法，一以世俗谛，二第一义谛。亦不可说无灭，故名不灭，经言：一切诸法无始来灭，本性不生，无有自体。不得于无自体中遮生遮灭，不得于无自体中而说贪欲阴尽、更不复生是名涅槃，不得灭复有灭、不生更有不生。是则所言不生不灭者，遮遣五蕴也。为显示涅槃，而遮遣五蕴也。涅槃空中，不得生灭、垢净、增减相也。

是故空中无色，无受、想、行、识，无眼、耳、鼻、舌、身、意，无色、声、香、味、触、法，无眼界乃至无意识界，无无明亦无无明尽，乃至无老死亦无老死尽。无苦、集、灭、道，无智亦无得。

此承上义而言也。三界心、心所，是虚妄分别生灭也，执障而流转，对治而还灭垢净也，我慢有所得，变坏而退堕增减也。空相不动，说何生灭？空相平等，说何垢净？经言：菩萨为有情昧空说谛而得涅槃，不由谛智，但是平等，亦复说何增减？经言：是法平等，无有高下。是故无世间三科法，无出世间三乘法，是名无所得。经言：异生所执法，非如是有故，于无所有而有，为无所有不可得。于五蕴无所有不可得，乃于一切智智毕竟空义，遍一切一味义也。

"无智亦无得"者，龙树无漏八智，为智；自须陀洹圣道乃至佛道，为得。

以无所得故，菩提萨埵，依般若波罗蜜多故，心无罣碍。无罣碍故，无有恐怖，远离颠倒梦想，究竟涅槃。

此引申也，引申照见皆空之果，而先之菩萨行、涅槃果也。涅槃性空，般若无所得，由行而引，言语道断，空相所缘，空智能缘，以入初地，是为相应涅槃。以无所得而求一切智智，非一法成佛而乃即止，必法法成佛，一切入一切，一切摄一切，众德具现，大施方便，是为无住涅槃。菩萨行圆满时，觉一切相，得一切智，断一切习，几与佛齐，举足下足，皆如来境，已能遍一切一味，是为究竟涅槃。

"心无罣碍""无有恐怖""远离颠倒"者，已入初地，已能不见五蕴，虽未圆满，有何罣碍耶？经言：平等性中，所有不活畏、恶名畏、死畏、恶道畏、大众威德畏，皆悉永离。更有进者，菩萨闻甚深微妙难信解义，不惊，不怖，不畏，已得不退转地故。此不退转，亦名无生法忍，亦名正性离生，自初地以至八地，皆得此名，初不退堕外小，八不退失佛地故。居不退位，受记作佛，有何恐怖耶？菩萨知法即法界，法界即法，学一切法于法界，学法界于一切法，体亦无所得，用亦无所得，常、乐、我、净，无常与苦，无我不净，适应中道，有何倒想之不离耶？

复次，未入地前，未得无所得，最初行菩萨行者，必研一切智乃至一切智智，而知佛境。既知此已，发心作佛，念念不离佛，思惟唯一切智智，而于诸法不作二想。一切智智，无性为性，法界为相，如是所缘，亦无性行相，亦寂静正念而增上，解了无性，斯为第一。菩萨亦行声闻三十七品，欲至涅槃城故；亦行三三昧，欲入涅槃门故。如是学声闻一切智已，即以自乘道相智，入正性离生。云何自乘？圆满无性为佛，渐证无性为圣，深信无性为贤善士。深信证果不证无性是一，遂发菩提心，直趣无所得，复以无所得，圆满诸修证，是为自乘也。是则未入地前，不异一切智；已至地极，不异一切智智；正在地上，渐修圆证，普学一切智及一切智智。大智而大愿，大愿而大悲，大悲而大行，一地趣一地，是为道相智自乘也。

三世诸佛，依般若波罗蜜多故，得阿耨多罗三藐三菩提。

此承上义引申，而次之佛行菩提果也。龙树：菩提为般若果，般若为菩提因。是则圆满大般若名大菩提，大菩提以相应大涅槃而生，大涅槃以相应大菩提而显。是故转依非一，而不可为二。不二转依，故大涅槃应谈三德。解脱道生，刹那证觉，一念般若相应即佛，佛藏出缠即是法身。德虽云三，一毫端现，故此谈大菩提果，即已赅谈大涅槃果果也。

龙树又言：菩提名佛智慧，萨婆若名佛一切智慧。十智为菩提，十一智为萨婆若。佛之知见，是一切智智，诸佛皆以观慧，相应无所得实相，而得一切智智总相，故云得阿耨多罗三藐三菩提也。

故知般若波罗蜜多，是大神咒，是大明咒，是无上咒，是无等等咒，能除一切苦，真实不虚。

此流通分也。经言般若最尊最胜，故《般若经》凡说一义竟，均备极尊重赞叹。如舍利子说般若空竟，以三十一种名号，称扬赞叹般若波罗蜜。如《信解般若》说空相竟，赞功德胜利，设利罗较福种种，不容具举。然般若出现世间，皆为除世间一切苦，皆为作世间宅舍洲渚故。能除一切苦，唯有第一义谛遍一切一味故，遮遣五蕴虚妄，显示涅槃真实，然后能遍一切一味故。以此因缘，说遍一切一味，是心中心也。

故说般若波罗蜜多咒，即说咒曰：揭谛，揭谛，波罗揭谛，波罗僧揭谛，菩提萨婆诃。

咒以固之，又以标之。揭谛，度也。波罗蜜多，到彼岸也。僧，众也。菩提，果也。萨婆诃，成就也。

应为之说曰：度，度，度到彼岸，度一切众到彼岸，证菩提果，事成就也！

佛法非宗教非哲学而为今时所必需

今日承贵会要请，来此与诸位讲演佛法，此是鄙人最愿意事。但是鄙人没有学问，今日只将我对于佛法一点意思说出，与大家共同研究而已。

今日讲演题目是：《佛法非宗教非哲学而为今时所必需》，内中意义向后再说，先将佛法名词解释一过。

何谓佛？何谓法？何谓佛法？按佛家有所谓三宝者：一佛宝，二法宝，三僧宝。佛宝指人，法宝指事，僧者众多弟子义。宝者，有用有益之义，言此三者能利益有情，故称为宝。已得无上正等菩提的人，是称为佛。法则范围最广，凡一切真假事理，有为、无为，都包在内。但包含既如此其广，岂不有散乱无章之弊耶？不然。此法是指瑜伽所得的。瑜伽者，相应义，以其于事于理，如如相应，不增不减，恰到好处，故称为法。此法为正觉者之所证，此法为求觉者之所依，所以称为佛法。

宗教、哲学二字，原系西洋名词，译过中国来，勉强比附在佛法上面。但彼二者，意义既各殊，范围又极隘，如何能包含得此最广大的佛法？正名定辞，所以宗教、哲学二名都用不着，佛法就是佛法，佛法就称佛法。

次，言义。云何说佛法非宗教耶？

答：世界所有宗教，其内容必具四个条件，而佛法都与之相反，故说佛法非宗教。何者为四？第一、凡宗教皆崇仰一神或多数神，及其开创彼教之教主，此之神与教主，号为神圣不可侵犯，而有无上威权，能主宰赏罚一切人物，人但当依赖他。而佛法则否。昔者佛入涅槃时，以四依教弟子。所谓四依者：一者、依法不依人；二者、依义不依语；三者、依了义经不依不了义经；四者、依智不依识。所谓依法不依人者，即是但当依持正法，苟于法不合，则虽是佛，亦在所不从。禅宗祖师，于天上地下唯我独尊语，而云：我若见时，一棒打死与狗子吃。心佛众生，三无差别，即心即佛，非心非佛。前之诸佛但为吾之导师善友，绝无所谓权威赏罚之可言。是故，在宗教则不免屈抑人之个性，增长人之惰性，而在佛法中绝无有此。至于神我梵天种种谬谈，则更早已破斥之，为人所共悉，此即不赘。

第二、凡一种宗教，必有其所守之圣经，此之圣经，但当信从，不许讨论，一以自固其教义，一以把持人之信心。而在佛法则又异此。曾言依义不依语、依了义经不依不了义经，即是其证。今且先解此二句名词。实有其事曰义，但有言说曰语，无义之语是为虚语，故不依之。了有二解：一、明了为了；二、了尽为了。不了义经者，权语略语；了义经者，实语尽语。不必凡是佛说皆可执为究竟语，是故盲从者非之，善简择而从其胜者，佛所赞叹也。其容人思想之自由者如此。但于此有人问曰：佛法既不同于宗教，云何复有圣言量？答：所谓圣言量者，非如纶音诏旨更不容人讨论，盖是已经证论，众所公认共许之语耳。譬如几何中之定义公理，直角必为九十度，过之为钝角，不及为锐角，两边等两角必等之类，事具如此，更又何必讨论耶！此而不信，则数理没从证明。又，圣言量者，即因明中之因喻。因明定法，是用其先已成立共许之因喻，比而成其未成将立之宗。此而不信，则因明之学亦无从讲起。要之，因明者，固纯以科学证实之方法以立理破邪，其精实远非今之论理学所及，固不必惧其迷信也。

三者、凡一宗教家，必有其必守之信条与必守之戒约，信条戒约即其立教之根本，此而若犯，其教乃不成。其在佛法则又异此。佛法者，有其究竟唯一之目的，而他皆此之方便。所谓究竟目的者，大菩提是。何谓菩提？度诸众生，共登正觉是也；正觉者，智慧也；智慧者，人人固有。但由二障，隐而不显，一烦恼障，二所知障，此二障者，皆不寂净，皆是扰攘昏蒙之相。故欲求智慧者，必先定其心，犹水澄清乃能照物耳。而欲水之定，必先止其鼓荡此水者。故欲心之定，心先有于戒。戒者，禁其外扰，防其内奸，以期此心之不乱耳。然则，定以慧为目的，戒以定为目的；定者慧之方便，戒又方便之方便耳。是故，持戒者菩提心为根本，而大乘菩萨利物济生，则虽十重律仪，权行不犯，退菩提心则犯。此其规模广阔，心量宏远，固不同拘拘于绳墨尺寸之中以自苦为极者也。夫大乘固然，即在小乘，而亦有不出家、不剃发、不披袈裟而成阿罗汉者（见《俱舍论》）。佛法之根本有在，方便门多，率可知矣。

四者、凡宗教家类必有其宗教式之信仰。宗教式之信仰为何？纯粹感情的服从，而不容一毫理性之批评者是也。佛法异此。无上圣智要由自证得来，是故依自力而不纯仗他力。依人说话，三世佛冤，盲从迷信，是乃不可度者。《瑜伽师地论》"四力发心：自力、因力难退，他力、方便力易退"，是也。然或谓曰：汝言佛法既不重信仰，何乃修持次第资粮位中，首列十信；五十一心所十一善中，亦首列信数？答之曰：信有二种，一者愚人之盲从，一者智人之乐欲。前者是所鄙弃，后者是所尊崇。信有无上菩提，信有已得菩提之人，信自己与他人皆能得此菩提，此信圆满金刚不动，由斯因缘始入十信。此而不信，永劫沉沦。又，诸善心所信为其首者，由信起欲，由欲精进，故能被甲加行，永无退转。是乃丈夫勇往奋进之精神，吾人登峰造极之初基，与夫委己以依人者异也。

如上所言，一者崇卑而不平，一者平等无二致；一者思想极其锢陋，一者理性极其自由；一者拘苦而昧原，一者宏阔而真证；一者屈己以从人，一者勇往以从己。二者之辨，皎若白黑，而乌可以区区之宗教与佛法相提并论哉！

所谓佛法非哲学者，按哲学之内容，大约有三，而佛法一一与之相反，故佛法非哲学。何者为三？

第一、哲学家唯一之要求在求真理，所谓真理者，执定必有一个甚么东西为一切事物之究竟本质，及一切事物之所从来者是也。原来，哲学家心思比寻常聪明，要求比寻常刻切。寻常的人见了某物某事便执定以为某物某事，一例糊涂下去。譬如宗教家人说有上帝，这些庸人便承认以为有上帝，牧师教人崇拜耶稣，这些人便崇拜耶稣，一味盲从，更不思索，千百年来只是糊涂下去。自有哲学家以来，便不其然。你说有上帝，他便要问问上帝是个甚么东西，眼可以看得见么？耳可以听得到么？如谓世界人类都是上帝造的，上帝又是谁造的？上帝如果不待谁个造他，世界又何必要上帝造他？所以自从有了哲学，一切人便不肯一味糊涂了。哲学家在破除迷信一方面，本来是很对的，是可崇拜的。但是，他一方面能够破除迷信，他果真能不迷信么？他能破人谬执，他果能不谬执么？他天天求真理，他果能求得到真理么？翻开一部西洋哲学史，中间大名鼎鼎的哲学家，如像破除有人格的上帝过后，便迷信一个无人格的上帝；破除独神论过后，便迷执一种泛神论。不信唯物的便主张唯心，不信唯心的便主张唯事。笛加尔善于怀疑，于是便破坏世界一切事实，都以为非真理，但随即迷信一个我，以为我既能怀疑一切非真，我便是真。到了现在的罗素，便说他那个我能怀疑，我固是真还靠不住。罗素既能破一切唯物唯心非真理，然而随又执定一切现象是真。仔细想来，他那种现象是真，与笛加尔的我是真，有何分别呢？总而言之，西方一切哲学家对于世间一切事物，你猜过去我猜过来，纷纭扰攘，相非相谤，皆是执定实有一理。甲以为理在此，乙以为理在彼，别人诚都可破，自己却不能有个不可破的学说服人。破一立一，不过增加人许多不正确的见解而已。

问者曰：如你说世间既无真理，到底还有甚么？如谓一切都无，则彼虚无主义无世界、无人类，岂非是唯一独尊的学说吗？答曰：虚无主义，克实亦只是一种妄见，如说真理者一样，但名辞不同耳。并且当知，此种见解为害更大。彼辈计一切都无，趋向断灭，主张破坏与自杀，使人横生邪见，思虑颠倒，行为悖乱，危于世界，盖难尽言。诸君又当知，此种异说非但在现在的时候方有，从前印度亦复如是，所谓断灭外道，所谓恶取空者皆是也。今复质问彼曰：如谓一切皆假，此假又何所从来？如谓一切都无，云何复有断灭？且既一切无矣，何以你又起如是见，立如是论？又何以要怀疑？又何以要破坏？此种自语相违，自行矛盾，是为诞妄之极。但其立说肤浅，也可不必多辨了。

问者曰：你谓哲学家之真理无有，又说真理不可求，而又不许人计空计灭，然则你们到底说甚么、作甚么呢？答曰：佛法但是破执，一无所执便是佛也。故佛之说法，不说真理而说真如。真如者，如其法之量不增不减，不作拟议揣摩之谓。法如是，说亦如是，体则如其体，用则如其用，决不以一真理范围一切事物，亦不以众多事物奔赴于一真理。所谓在凡不灭，在圣不增，当体即是，但须证得，凡物皆然，瞬息不离者也。夫当体即是，何待外求。如彼所计之真理本来无有，但属虚妄，则又何可求耶？有则不必求，无则不可求，故云不求真理也。

问曰：如你所说，既云真如即吾本体，不待外求，云何又为吾人所不知？且既当体即真，物物不二矣，云何又有此虚妄耶？答曰：兹先设一喻，诸君夜静三更时，寝于床榻，忽生一梦，倏见山河草木、宫室楼台，更有人物或亲或怨，汝时感情激发，喜怒爱恶，或泣或歌，或欣或惧，及至醒时，了无一物。当汝梦中见山河人物时，汝能知其假否？当汝梦中喜怒悲惧时，汝能知汝妄否？然虽假虽妄而实不离心，如离汝心，汝又安能有梦？然又不可谓汝梦即是真实，如谓汝梦即真，醒时何以又知其颠倒不实？诸法真如，亦复如是。未至真觉，终在梦中；既在梦中，虚妄颠倒，昏蔽缠心，云何得识真如本性！然虽不识真如本性，而此世间种种山河大地、人禽动植，一切喜怒哀惧，一切心行语言，要皆不离真如本性。此虽不离真如本性，而又非即真实，及成佛果，大觉菩提，始知当时颠倒有如昨梦。然虽大觉，契证真如，此觉此如亦非从外而得，非从无忽有，仍亦即汝当日自体。是故，既不可以不识而拨无，又不可以执假以为实也。真如自性，如是如是。

问曰：真如既如所言，吾人又如何证得耶？答曰：此间有一句格言，闻者应深信受，即所谓"不用求真，但须息妄"是也。夫本体既恒不失，自可不必徒劳，独妄为真障，是以当前不识，彼障既除，真体自现。譬之人处梦中，亦能思虑察觉，然任汝若何推寻，终始总是梦中技俩；任汝推寻有获，所得仍惟是梦。及一旦醒时，而昔之虚妄，不求知自有知；今之真实，不求觉而自觉。故吾人真欲了知真实，惟当息此虚妄，跳出此虚妄之范围耳。

虽然，所谓息妄者，非一朝一夕所能成功。吾人历劫以来，种种颠倒烦恼种子，蒂固根深，岂能一期拔尽？园师艺园尚须时节，农人播谷且历春秋，况欲跳此生死范围，证得菩提硕果，而可不历劫修持？但求速效，乌能济也！故必境、行、果三，明了无蔽，由闻而思，由思而修，三大僧祇，始登究竟。若不明此，徒以少数功德，片刻时光，见彼无成，退然思返，且谓无效，堕人信心，此乃愚痴谬妄，可悲可痛者也。

复次，所谓息妄，亦非如伐木拔草，斩斫芟夷。应知依他起性，有相是空，空自不必除，有则不可除。但权衡审度，应识其机，用舍黜陟，唯辨其性，善者既伸，恶自无由，如秤两头，低昂时等。此中妙用，未可悉言，真发心人，应自探讨。

然又当知，夫妄亦何过，妄本无过，过生于执。譬如吾人开目则妄见山河人物珠玉珍奇，此乃自识相分，妄而非实，不离自体。然眼识变现，任运起灭，都无执着，不生好恶，则虽此幻妄，抑又何害？唯彼俱时意识，寻思执着，认为实有，而曰：此实山河也，此实人物也，此实珠玉珍奇也。又从而推究之曰：此实有山河种种者，必有其从来之真理也。持之而有故，言之而成理，执之而益深，遂为天下之害根。所谓生于其心，害于其政，发于其政，害于其事者是也。盖由执生爱，由爱生取，与爱相违，复生于嗔。由此，好恶逞情，争讼斯起，相杀相淫，相盗相欺，恶业轮回，终古不已。夫果何过，过生于执耳。苟能不执，物物听他本来，起灭任其幻化，都无好恶，取舍不生，身语意业，悉归乌有，云何异熟招感，而起生死轮回？迷苦永消，登彼大觉。是故，执破为佛，破执为法，非别有佛，非别有法。

二者、哲学之所探讨即知识问题，所谓知识之起源、知识之效力、知识本质，认识论中种种主张，皆不出计度分别。佛法不然，前四依中说依智不依识。所谓识者，即吾人虚妄分别是也。所谓智者，智有二种：一者根本智，二者后得智。根本智者，亲缘真如，和合一味，平等平等，都无分别是也。后得智者，证真如已，复变依他与识相应，而缘俗谛以度群生是也。此后得智既缘一切，是故真妄虚实、五法三自性、八识二无我、世间出世间，尽无不知，尽无不了。由斯建立法相学，由斯建立唯识学，由斯建立一切方便学。彼所谓认识论者，从彼之意俱可了达。如是设问知识之来源何如乎，则可答曰：有阿赖耶识含藏一切名言种子（具受熏持种之性，而非是种，但是持种）无始传来，种（种子）现（现行）熏习；八、七、六、五，展转变现，能了能别，所谓知识由斯而起。彼不达此阿赖耶者，或谓知识出于先天，而先天为是甚么？不了其体，何以示人？又或谓出于经验者，经验何以存而不失？又复何以无端发此经验？此疑不解，何以取信。其为批评论者，则又不过调停两是，舍百步之走，而取五十步之走而已。然彼二既是徒虚，更何长短可说？今既了达赖耶，一者、识有自种，为生识因缘，故不同于经验论但执法尘；二者、诸识现行复熏成种，复由此种能生后识，故不同于先天论但执一常。种生于现，现生于种，八识因依，执持含藏，理实事真，不复同彼调停两可论但有言说。吾敢断言之曰：若必谈知识之本源，惟有佛法为能知也。

所谓知识之效力如何耶？在彼未达唯识者，则或以为吾人知识无所不了，是谓独断论；其或以吾人之知识了无足恃、一无所能者，是为怀疑论；其或以为吾人之知识实有范围，越此范围则在所不悉，是谓积极论。今唯识家言，俱异于彼。一者、众生之识，各局其量，详彼哲学家知识之范围体性，不出唯识家所谓之率尔寻求决定之六识也。六识局于法尘，八识、七识之缘得着者，六识尚缘不着，况乎与净识相应之四智之缘得着者，而谓六识能缘得着耶？恒河沙数世界外一滴之雨咸知头数，而谓六识能知耶？故不同于独断论。二者、凡属有情，皆具八识、五十一心所，此心、心所，由见、相、自证、证自证四分成就。见缘相分，自证缘见，内二互缘，皆亲所缘，皆现量得。虽或见分缘相有比有非，而自证缘彼亦属现量，自证为见果，证自证为自证果，自证复为证自证果，而皆现量（柏格森直觉非现量，但是率尔寻求之独头意识）。是故无无穷过。是以，无染无净，无比无非，一入自证，悉成真实。七识执我虽为非量，然若疏缘我影，任缘第八，而不执八为我以我为八，亦复无过（六识遍计同此）。过生于执，非生于缘，是故一切真实一切决定。以是理故，不同于怀疑论。彼积极论者，但为调停两可，而此于彼一切俱非，是故不同于彼积极论。

所谓识之本质为何耶？彼未了达唯识者，或谓知识本质唯吾观念，或谓知识本质存于实在之物体，或谓非心非物但现象耳。了达唯识义者，始知凡识四分合成：一者、见，谓能识；二者、相，谓所识；三者、自证，此见、相二分皆依自证而起，此自证分是称自体，此体若无，便无相、见，亦无量果；四者、证自证，此证自证分复为自证分之量果，而复以彼以为量果，俱如前说。如谓无相则无所缘，既无所缘即不成识，非于龟毛而生识故，是故不同于观念论。如谓无见则无能缘，亦不成识，非彼虚空亦能了故，是故不同于实在论。如无自证即无相、见，相、见俱无即不成识，非无蜗头起二角故，假依实有，现象依自体有，是故不同于彼现象论。从上说来，所谓知识问题，在彼则谬妄重重，乖舛莫定，在此则如实正智，金刚不摇。如何佛法同彼哲学？今之哲学非特不知知识之来源、效力、本质而已，即曰彼知，亦只是知散乱意识之一部分耳，识量之广大，彼俱不知也。

问：人有此知识，止知有此知识可耳，更求识量之广大，有何必要耶？答：即此知识，不能孤起，相系相成，不能独立，故有求识量广大之必要。知识之本体名自性，自性之起必有所依，此依名根。自性依根而起矣，起必有所及，此及名尘。一识之起必有其伴，此伴名心所。自性、所依、所及、所伴四者合，而识起之事得矣。然此识起亦非徒然而起，起必有所为，此所为名作业。必有此五事，而后知识之事始毕。此事虽毕，经数十年后复能记忆之，则必有摄藏此事者为之摄藏，此摄藏名八识。知识自性名六识，与知识同起之眼耳鼻舌身识名五识。五识有依根，六识亦有依根，名七识。此其识量之广如是，而俱与知识有密切关系，知识不能离是而独立也。是故独隘一知识而求知识之来源、效力、本质，决不能得其真相也。是故，哲学者无结果之学也。上来说理稍近专门，如欲求精详，当研唯识。

三者、哲学家之所探讨为对于宇宙之说明，在昔则有唯心、唯物，一元、二元论，后复有原子、电子论；在今科学进步相对论出，始知宇宙非实物，不但昔者玄学家之唯心论、一元论无存在之理由，即物质实在论亦复难以成立。今之科学之所要求者唯方程式耳，世界之所实有者惟一项一项的事情，非一件一件的物质也。罗素之徒承风而起，由是分析物、分析心，物析而心，心析而物，但有现象不见本体。夫既无本体，现象复何由而生？且既执现象实有，亦是离识有境。此种论说，以较西方旧日，诚见高明，以彼西方学说旧无根柢，而科学勃兴于二三百年间能有此成功，亦良足钦佩。然佛法之言，犹异夫此。兹以唯识之义略为解释于后。唯识家但说唯识，不言宇宙。心即识也，色亦识也。譬如于眼，能见于色是为眼识，此色非离眼识实有，以离识不起故。相分不离自证，亦犹见分不离自证，是故色非实有，但有眼识。声香味触法，亦复如是。一切色法，但为识之相分。山河大地亦有本质，而此本质即为八识相分。故曰三界唯心、万法唯识。故宇宙离识非是实有。

复次，又当知此识亦即是妄，都无自性。何者？仗因托缘，方得起故。譬如眼识生时，非自然生，待因缘合，其数为九：一者根，二者境，三者作意，四者空，五者明，六者分别依六识，七者染净依七识，八者根本依八识，九者识自种子。如是，耳识生时因缘必八，鼻舌身识因缘需七，六识需五，七识需五，八识需四。既有所仗托和合而起，故非实有，但如幻耳。既无主宰，亦非自然，是为依他起性。

复次，又应当知此因缘，有亦不常。何者？以其顿生顿灭，刹那不停故。盖识之生，众缘既合，种起现行，现行起时，复熏成种，才生即灭，现谢灭已，种复生现，现又熏种，种又生现。如是刹那刹那，相续前后，于现生时，山河大地历历在目，生已即灭，又复寂然。是故，吾人一日半日中，已不知历尽许多新天地矣。或曰：既云顿生顿灭，何以吾人目视山河但见其生未见其灭？但见其有不见其无？曰：此无可疑，譬如电影，以彼电力迅速，遂乃见彼影像确然，前后始终宛如为一，而不知彼数分种之间，顿灭顿生，旧去新来，已易百千底片矣。宇宙幻妄，顿灭顿生，亦复如是。复次，此虽幻有，而即是识。识虽起灭无恒，而种子功能永无消灭。但有隐显之殊，绝无生灭之事，既无有始，亦无有终。是故，不同彼现象论者谓无心有事，从无忽有；又不同彼断灭论者，有已忽灭。虽则顿起顿灭，而实不生不灭。

复次，当知一人八识，各有相、见，是故山河大地有情各变，而非多情共一山河大地。以俗语表之，即人各一宇宙是也。虽同居共处，而亘始亘终彼此不能相离。彼不能越出彼之宇宙，而搀杂此之宇宙；此亦不能越出此之宇宙，搀杂彼之宇宙。是故，对语一室，而天地各殊；同寝一榻，而枕衾各异。此中妙理，更复难言。或曰：既云彼此之天地各殊，何以复能共处一室而不相碍？又，有情所变既异，云何复能共证一物耶？答：此亦设一喻，譬如灯光，于一室中燃彼多灯，一一灯光都非相碍，一一灯光都能照室。有情变相亦复如是，业力既同，处所无异，所变相似，不相障碍，如众灯明，各遍似一，光光相网，胡为相碍！业力既同，处所既一，故所缘虽别，亦互证而知。虽互证知，而实各证所知，非共证一知也。何者？以业力异者，虽同一处所证别故。如无病人与有病者共尝一味，甘苦各别，由此故知境非实有，唯有心耳。

复次，既知心外无境，大地山河与吾为一，由此当悟吾人之身非复局于七尺之躯，吾人之心量广阔，如同法界，遍于虚空。自从虚妄分列，遍计固执，遂乃把握七尺臭皮以为自我，自此之外别为他物。爱憎劫夺，横起狂兴，历劫沉沦，永无超拔，弃舍瀛渤，认取浮沤。是故，佛告文殊：善男子，一切众生，从无始来，种种颠倒，犹如迷人，四方易处，妄认四大为自身，六尘缘影为自心相。譬彼病目，见空中华，及第二月。善男子，空实无华，病者妄执，吾等众生，无始时来，长处梦中，沉疴莫治。今当发无上菩提之心，息此一切虚妄，复吾本性，识取自身，是为丈夫唯一大事。恩洋按：上来所谈，妙味重重，俱达问题深处。洋六月自北大来谒吾师，朝夕侍侧，渥闻胜义，玄音一演，蒙妄顿消。始知昔日所治哲学种种迷执，有同说梦，安身立命，别有在也。晨钟木铎，更焉求之。由是踊跃，爱莫忍去。今以记录之便，备以平日所闻，具列如上，以饷好学。嗟乎！同志尽其归哉！

　　总而言之，彼诸哲学家者所见所知，于地不过此世界，于时不过数十年间，不求多闻，故隘其量，故局其慧。若夫佛法，则异乎此。彼诸佛菩萨，自发起无上菩提心、广大心、无边心以来，其时则以一阿僧祇劫明决此事，二劫见之，三劫修满而证之，然后随身现化，普度有情，以彼真知，觉诸后起。其说为三世诸佛所共证而莫或异，其地则自一世界至无量无边世界而不可离。舍此不信，徒自暴绝，以萤火之光当日月之明，高下之辨不待言矣。

　　问者曰：如汝所云，类为常情所难了，亦为世理所未经。汝斥宗教为迷信，汝言得亦非迷信耶？曰：佛法之与宗教，其异既如上言，此即不辨。至佛法，亦有难信难解者，虽然，稍安无躁。世间难信难解之事理亦众也，然勿谓其难信而遽斥其迷焉。譬如，物质实在，此亦常人之恒情也，然在罗素等，则谓无有物质，只有事情，吾人遽可以常理而斥彼迷信乎？又如万有引力之定律，二百年来人所不敢否认者也，自安斯坦相对律出，而彼万有引力之定律乃失其尊严，吾人遽可以旧日之见，而斥安斯坦之迷信耶？抑又如任何三角形，三角之和必等于二直角，此亦自希腊以来人所公认之定理也，然近日新几何出，复云三角之和有大于二直角者，亦有小于二直角者，吾人又安可以常情而斥其为迷信耶？以一指翻动太平洋全体，人必曰此妄人也，此妄语也，然事有诚然，如将入此一指于太平洋中，其近指之水必排动其邻近之容积而后能纳之，此邻近又必排其邻近，则虽谓太平洋全体翻动亦可也。牵一发而全身动，故必知三阿僧祇劫，然后知此一刹那也；故必知无量无边世界，而后知此一世界也。是故，人智原有高下之不齐，而断不可用常情以度高明之所知。彼科学家哲学家与吾人同处梦中者耳，智虑不齐尚不可以常情测，佛与众生一觉一梦，则又乌可以梦中人之知解，而妄测大觉者之真证耶！如真欲斥佛法之迷妄者，亦非不可，但必先读其书，先达其旨，而后始可从事。苟于彼之书尚未曾读，或尚未能读，而动以逸出常情相非难，且将见笑于科学家矣，于佛法奚损毫发耶！

以上言佛法与宗教哲学之异既尽。

恩洋按：此文吾师在南京高师哲学研究会之讲演录也。师以局于时间，未尽其意，词亦未毕其半，恩洋复以平日所受，备而录焉，以供同志研讨。自"云何佛法为今日所必需耶"以下，洋谬以己意续成之者。前后文词未及修正，知不雅驯，阅者但求其意可耳。

附：佛法为今时所必需

王恩洋

云何谓佛法为今日所必需耶？答此问题，先需声明几句话。便是一切有情，但有觉迷两途，出迷还觉，舍佛法别无二道，是故欲出迷途，必由佛法。佛法者非今日始需，非现在始需，又非特中国人始需，又非特人类始需。佛告须菩提：诸菩萨摩诃萨，应如是降伏其心，所有一切众生之类，若卵生、若胎生、若湿生、若化生、若有色、若无色、若有想若无想、若非有想非无想，我皆令入无余涅槃而灭度之。遍极大千沙界，穷极过现未来，一切一切，无量无边，皆佛法之所当覆，皆菩萨之所当度者。而于时间则分现在，于空间则分中国，于众生则分人类。而曰人类当学佛法，中国人必需佛法，现在当宏佛法，若是舍弃菩萨大愿，是为谤佛法，非宏佛法也。然而，谓佛法为今日所必需者，谓夫时危势急，于今为极，迫不及待，不可稍缓之谓耳。

所以者何？答曰：纵观千古，横察大地，今日非纷乱危急之秋乎？强凌弱，众暴寡，武力专横，金钱骄纵，杀人动以千万计，灭国动以数十计，阴惨横裂，祸乱极矣。虽然，此犹非所最痛，亦非所最危。所谓最痛最危者，则人心失其所信，竟无安身立命之；异说肆其纷披，竟无荡荡平平之路。庄生有云：哀莫大于心死，而身死次之。心既失其所信，而无可适从，于是言语莫知所出，手足不知所措，行为不知所向。潦倒终古，醒瘢一生，如是而生，生曷如死！且夫人心不能无所用，不信于正则信于邪；人身不能无所动，不动于道则动于暴。如是，则盗窃奸诡，何恶不作矣！

然则，今日世界之乱，特其果耳；今日人心之乱，乃其因也。盖彼西欧，自希腊、罗马之末，国势危惴，学说陵夷，于是北方蛮族，劫其主权，复有犹太耶教，劫其思想，千余年间，是称黑暗时代。然人心不能久蔽而不显，思想不能久屈而不伸。爰有哲学家破上帝造物之说，除迷信，研形而上学，而一元、二元之论，唯心、唯物之谈，纷纭杂出；嗣有科学家，研物质学，创造极多，而利用厚生、日用饮食之事，于兹大备。二者之间，科学盛行。持实验主义者，既不迷信宗教，亦不空谈玄学，以为人生不可一日离者，衣食住也，要当利用天然，以益人事，本科学之方法，谋人类之幸福耳。夫利用厚生，亦何可少？人类一日未离世间，一切有情，皆依食住，是故科学家言，甚盛行也。虽然，人心不能无思，所思不能以此衣食住为限；人心必有所欲，所欲不必唯在物质之中。而欲人之尽弃哲学妙理而不谈，而不思，而不欲，此大不可能之事也。又况唯是主张人生，于生从何来，殁从何去，一切不问，但以数十年寒暑之安乐为满足，其或有鄙弃此数十年之寒暑为不足，而更思其永久者，则又将奈何？又况科学进步，物质实在之论既已不真，彼盖安斯坦辈之所要求者唯一方程式耳，罗素辈目中所见之物非物也，所见之人非人也，一件一件的事情，由论理学而组织之耳。由此以谈，则所谓人者何？一方程式耳。物质者何？现象之结合耳。如是，一切虚幻，除虚幻更无有实。是人生之价值既已完全取消，又何必劳劳终日，苦心焦思，以事创造，以事进取耶？是故，今之哲学家之言，科学家言，大势所趋，必归于怀疑论。

然于此际有异军起，一切哲学理智及科学方法、论理学概念、观念废而不用，以为此皆不足以求真，皆不足创造，而别有主张，号为直觉，谓此直觉但事内省，便可以得一切真，见一切实，便可以创造进步，使生命绵延于无穷，则所谓伯格森者是也。平心论之，人类之行为岂果出于理智？一举一动而必问其所以然，而必推其结果，则天地虽大，实无所措其手足矣。是故，为行为之动力者，纯属感情，则欲事创造生活，良以直觉为当。虽罗素主张理性，而于行为则认冲动为本，故欲生命之绵延，柏氏主张诚非无见。又科学之组织，纯以概念观念为具，以方程为准。概念也，方程式也，皆名言也，皆假说也。名言所得，唯是名言；假说所得，唯是假说。欲求本体，亲证真实，愈趋愈远。是故，柏氏之反对科学，亦非无故。虽然，彼所主张之直觉，遂至当乎？遂无弊乎？当知吾人同在梦中，于此梦中，一切之意志、感情、知识均不可恃，则彼直觉亦胡可恃？盖杂染种子，纷措混淆，随缘执我，所得常为非量故也。直觉之说非至当也，而彼主张理性主张科学者，又即以修正此情感冲动之错误为其理由。故罗素反对柏格林曰：文明人都由理智，野蛮人反之；人类都用理智，动物反之。如尚谈直觉，则请回到山林中可也。以吾观之，使今人准柏氏之道而行之，弃科学规律而不用，盲参瞎证，取舍任情，其不流入武断派者鲜也。是故今日哲学界之大势，一面为罗素之现象论，一面为柏氏之直觉论，由前之势必走入怀疑，由后之道必走入独断。平心而论，罗氏、柏氏果非昔日之怀疑派、独断派乎？不过科学进步，其所凭藉以怀疑、独断者根据既厚，以视昔之怀疑、独断者为有进步焉耳。然在昔怀疑、独断风行一世之日，又岂非持之有故，言之成理，而莫可夺者？后之视今，亦犹今之视昔，二者之辨，相差何能以过也。

抑又以理推之，今后之哲学当何如耶？吾意继罗、柏而起者，必有风行一世之虚无破坏断灭派。何者？西方哲学于相反两家学说之后，必有一调和派出现。而二氏之学，果有调和之余地乎？以吾观之，于善的一面都无调和之余地，于坏的方面则融洽乃至易也。何者？由罗氏之推论，归于一切皆虚，然怀疑至极，终难舍我。要知我执至深，随情即发，纵理论若何深刻，此我终不能化，罗氏既于哲理一面破坏所谓人之实在也，然而仍复主张改造，主张进化，我既虚伪，改造奚为？故知其非真能忘我也。由我见之存，则柏氏直觉之说即可乘机而入。其必曰：一切皆假，唯我是实，但凭直觉，无为不可。以罗氏之理论，加入柏氏之方法，自兹而后，由怀疑而武断，由武断复怀疑。于外物则一切皆非，于自我则一切皆是。又复加以科学发达以来，工业进步，一面杀人之具既精，一面贫富之差日远，由兹怨毒潜伏，苦多乐少，抑郁愤慨之气，充塞人心，社会人群既无可聊生，从而主张破坏，主张断灭，机势既顺，奔壑朝东。是故吾谓二氏之后，必有风行一时之虚无破坏断灭派出世也。

诸君诸君，此时非远，现已预见其倪，邪思而横议，横议而狂行，破坏家庭，破坏国家，破坏社会，破坏世界，兽性横流，天性将绝，驯至父子无亲，兄弟相仇，夫妇则兽合而禽离，朋友则利交而货卖。当斯时也，不但诸佛正法滞碍不行，即尧舜周孔所持之世法亦灭亡净尽，人间地狱，天地铁围，危乎悲哉！吾人又当思之，宗教果无死灰复燃之日乎？吾意当彼支离灭裂之际，人心危脆，必有天魔者出，左手持经，右手持剑，如模罕默德之徒，芟夷斩伐，聚歼无辜；又必有若秦始皇坑焚之举，今古文献，荡灭无余，以行其崇奉一尊之信仰。何者？狂醉之思想，非宗教固不足以一之；纷乱之社会，非武力固不足以平之；而脆薄弱丧之人心，又至易以暴力、宗教慑服之也。若是，则全球尽为宗教、暴力所压服，而人类黑暗之时代复至矣。罗素在北京末次讲演告我国人曰："中国人切莫要单靠西方文明，依样模仿的移殖过来。诸君要知，西方文明到现在已经走入末路了。近几十年来，引入战争一天甚似一天，到得将来也许被他文明所引出的战争，将他那文明摧灭了。"此语之发，非无故也。吾人今日而不急起直追，破人类一切疑，解人类一切惑，除宗教上一切迷信而与人类以正信，辟哲学上一切妄见而与人类以正见，使人心有依，而塞未来之患，是即吾人之罪，遗子孙以无穷之大祸矣。诸君诸君，心其忍乎！

方今时势之急，既有若此，然而求诸近代学说能有挽此狂澜，预防大祸者，纵眼四顾，除佛法曾无有二。盖佛法者，真能除宗教上一切迷信，而与人以正信者也；佛法者，真能除哲学上一切邪见，而与人以正见者也。何以故？宗教家之信仰唯依乎人，佛法则唯依于法；宗教以上帝为万能，佛法则以自心为万能；宗教以宇宙由上帝所造，佛法则三界唯心、万法唯识，山河大地与我一体，自识变现非有主宰；宗教于彼教主视为至高无上，而佛法则种姓亲因唯属自我，诸佛菩萨譬如良友但为增上。又当知：即心即佛，即心即法，心佛众生平等无二，从此则依赖之心去，而勇猛之志坚矣。仰又当知：彼诸宗教唯以天堂为极乐，以自了为究竟，实亦不能究竟；而佛法者，发大菩提心，发大悲心，自未得度而先度他，三大僧祇皆为度众。是故，菩萨不舍众生不出世间，宁自入地狱而不愿众生无间受苦。然则，佛法与宗教之异，非特真妄有殊，抑亦公私广狭、博大卑陋永异矣！

复言佛法与哲学异。哲学家所言之真理乃属虚妄，佛法言真如乃纯亲证；哲学家求真理不得便拨无真实，佛法则当体即是更不待外求；哲学之言认识但知六识，佛法则八识、五十一心所无不洞了；哲学家惟由六识计度，佛法则以正智亲知；哲学家不走绝端则模糊两是，佛法则如如相应，真实不虚；哲学家于宇宙则隔之为二，佛法则与我为一；哲学家则迷离而不知其所以然，佛法则亲亲切切起灭转变一唯由我。以是之故，哲学家不走入怀疑而一切迷妄，则走入武断而一切固执。佛法则真真实实，是是非非，有则说有，依他幻有、圆成实有故；无则说无，遍计俱空故。由是，一切诸法，非有非无，亦有亦无，实有实无，不增不减，不迷不执，远离二边，契会中道。由上之故，一切哲学唯是说梦，于人事既无所关，于众生且极危险，怀疑武断易入邪见故。入邪见者，执断执常，计有计无。计无之祸其害尤烈。何以故？一切虚幻都无所有，善既无功，恶亦无报，更何为而修习功德？更何为而济度众生？由彼之言，必至任情取夺，异见横生，破坏一切世间出世间善法故。而在佛法则异乎此，所谓依他如幻，以因缘生故；如幻有相，相复有体，即真如故。所谓一切唯识，但遮外境，而不遮识。当知一切有情，皆有八识、五十一心所，无始以来与我光光相网，俱遍法界，必发大悲大愿之心，与之同出苦海，不似计灭者，竟至忘情背恩入险薄故。又当知，依他起性如幻起灭，而真如体如如不动，不增不减，无生灭故，现识虽复时起时灭，而八识持种，永无坏故。由斯过去、现在、未来恒河沙劫，永非无有，以是因缘，当勤修学，自利利他，善恶果报，毫发不爽故。故哲学为危险之论，佛法为真实之谈，取舍从违，理斯准矣。

诸君应知：吾言佛法非宗教非哲学，非于佛法有所私，非于彼二有所恶也。当知一切宗教家、哲学家皆吾兄弟，彼有信仰之诚，是吾所敬；彼有求真之心，尤吾所爱；惟彼不得其道，不知其方，是用痛心，欲其归正。又应当知：佛法陵夷，于今为极，诸信佛法者流，不同二乘之颛愚，则同外道之横议，坦坦大道，荆棘丛生。自近日西化东来，乃复依稀比附，或以拟彼宗教而类我佛于耶稣，或以拟彼哲学而类三藏于外道，婢膝奴颜，苟且图活，此非所以宏佛法，是乃所以谤三宝也。诸君应知：天地在吾掌握，吾岂肯受宗教之束缚？万法具吾一心，吾岂甘随哲学而昏迷？一切有情，但有觉迷两途，世间那有宗教、哲学二物！当知我佛以三十二种大悲而出于世，三十二种大悲者，即悲众生起一切执、生一切见耳。一切见中，差别有五：一、我我所见；二、断常见；三、邪见；四、见取；五、戒禁取。见取者何？谓于诸见及所依蕴，执为最胜，一切斗诤所依为业。戒禁取者何？谓于随顺诸见戒禁及所依蕴能得清净，无利勤苦所依为业。所谓哲学，即是见取，一切斗诤之所由兴故；所谓宗教，即戒禁取，一切无利勤苦所由起故。是二取者，佛法之所当辟，而何复比附依违之也？

或复难曰：佛法诚高矣广矣！虽然，当今之世有强权而无公理，使人皆学佛，则国不亡、种不灭乎？又况乎佛法以出世为归，以厌世为始，一切都是消极主义，于人类之生存，世道之混乱，有何关乎？答曰：凡此之难，如前所言，俱可解答。彼辈之惑，盖一则以宗教例佛法，一则以二乘目大乘故耳。今后总答此问，一者、当知佛法根本乃菩提大愿，二者、当知佛法方便多门不拘形式，三者、当知学佛要历长劫。菩提大愿者，求正觉而不求寂灭故，众生不成佛，我誓不成佛故，由此大愿以为根本，曰定曰戒皆其方便。所谓方便多门不拘形式者，佛度众生，其徒有四，曰比丘、比丘尼、优婆塞、优婆夷，在家出家俱无碍故。佛有三乘，曰人天乘、曰小乘（中分二：声闻，独觉）、曰大乘，种姓不定，应机说法故。佛法制戒，有大乘律，有小乘律，大乘持戒，菩提以为根本，是以经权互用，利物济生，犯而不犯故。所谓学佛要历长劫者，佛由一切智智成，一切智智由大悲起，大悲由不舍众生起，自未得度而先度人者，菩萨发心，众生成佛菩萨成佛，菩萨以他为自故，他度为自度故。以是因缘，菩萨不厌生死，不住涅槃，历劫修行，俱在世间，化度愈宏，种姓斯生，驯而不已，即成正觉。而三身化度，穷未来际，是故佛不出世，佛不厌世，佛法非消极，佛法非退屈。治世御侮，济乱持危，亦菩萨之所有事也。总之，佛法之始，唯在正信，唯在正见，唯在正行；佛法之终，唯在正觉。然则，根本决定，金刚不摇，外此则随时方便，岂执一也？然则，种种危惧，皆属妄情，一切狐疑，非达佛旨。

如上所明，于佛法要义略示端倪，如欲求精详，当专研经论。诸君诸君，今何世乎，众生迷妄，大乱迫前，我不拔度，而谁拔度！又复当知，我佛大悲，说法良苦，诸大菩萨，惨淡经营。我国先哲，隋唐诸彦，传译纂记，垂统綮劳；宋明以来，大道微矣，奘师、窥师之学，唯识、法相之义，若浮若沉，几同绝响。是则，贤圣精神，掷诸虚牝，大道橐籥，漫无迪人。譬诸一家，其父析薪，其子弗克负荷。既内疚于神明，徒虚生于宇宙。谁有智者，而不奋然以正法之宏扬为己任，以众生之危苦而疚心？先业中兴，慧轮重耀，勃乎兴起，是在丈夫。

此稿先已付登南京高师哲学研究会出版之《文哲月刊》，适《民铎》李石岑先生函索此稿，复以付之。记者识。

亲教师欧阳先生事略

吕澂

师讳渐，字竟无，江西宜黄人，清同治十年十月初八日生。父仲孙公，官农部，历念馀年，不得志。师六岁，仲孙公即世。

师幼而攻苦，精制艺，年二十，入泮。薄举业不为，从叔宋卿公读，由曾、胡、程、朱诸家言，博涉经史，兼工天算，为经训书院高材生，时称得风气之先。

中东之战既作，国事日非，师慨杂学无济，专治陆、王，欲以补救时弊。友人桂伯华自宁归，劝师向佛，始知有究竟学。

年三十四，以优贡赴廷试，南旋，谒杨仁山老居士于宁，得开示，信念益坚。归兴正志学堂，斟酌科目，体用兼备，自编读本课之。

年三十六，生母汪太夫人病逝，师在广昌县教谕任，遄返，仅得一诀。师本庶出，复幼孤，一嫂一姊皆寡而贫，来相依，霾阴之气时充于庭，母病躯周旋，茹苦以卒。师哀恸逾恒，即于母逝日断肉食，绝色欲，杜仕进，归心佛法，以求究竟解脱焉。

期年，赴宁从杨老居士游。又渡东瀛数月，访遗籍。返谋久学之资，任两广优级师范讲席，病湿罢。与友李证刚谋，住九峰山，营农业，又大病濒死。乃决舍身为法，不复治家计，时年已四十矣。

岁庚戌，再赴宁，依杨老居士。越年，老居士示寂，以刻经处编校相属。值革命军攻宁急，师居危城中守经坊四十日，经版赖以保全。翌春，与李证刚等发起佛教会，撰缘起及说明书，并警告佛子文，勖僧徒自救，沉痛动人。以主张政教分离不果，解散。自是长住刻经处，专志圣言，不复问外事。

溯师四十年来，笃学力行，皆激于身心而出，无丝毫假借。尝曰悲愤而后有学，盖切验之谈也。师既主编校，病刻经处规模未充，又乏资广刊要典，乃设研究部，只身走陇右，就同门蒯若木商刻费。比返，爱女兰已病卒刻经处，哀伤悱愤，治《瑜伽》，常达旦不休。稿久，乃晓然法相与唯识两宗本末各殊，未容淆乱。叙刻法相诸论，反复阐明，闻者骇怪，独沈乙庵先生深赞之。每叙成，必赴沪谒沈，畅究其义而返。至民国七年，遵老居士遗嘱，刻成《瑜伽》后五十卷，复为长叙，发一本十支之奥蕴，慈宗正义，日丽中天，自奘师以来所未有也。

会友人符九铭来苏省，掌教育，因筹设支那内学院以广弘至教，刊布缘起章程，迁延数载未就。南游滇，应唐蓂赓请讲《维摩》《摄论》，北赴燕，为蒯若木讲《唯识》，稍稍得资助。民国十一年，内学院始成立，创讲《唯识抉择谈》，学人毕集。梁任公亦受业兼旬，病辍，报师书曰：自怅缘浅，不克久侍，然两旬所受之熏，自信当一生受用不尽。于以见师教人人之深矣。由是广刻唐人章疏，《瑜伽》《唯识》旧义皆出。

又就内学院开研究部试学班，及法相大学特科，大畅厥宗。立院训曰：师悲教戒。揭在家众堪以住持正法之说，教证凿然，居士道场乃坚确不可动。及民国十六年，特科以兵事废，同怀姊淑又病亡，师悲慨发愿，循龙树、无著旧轨，治《般若》《涅槃》诸经，穷究竟义，次第叙成。其间更辑印《藏要》，经论二十余种，各系绪言，莫不直抉本源，得其纶贯。而尤致意拣除伪似，以真是真非所寄自信，一时浮说游谈，为之屏迹。

自九一八事变以来，国难日亟，师忠义奋发，数为文章，呼号救亡如不及。一二八抗日军兴，师筮之吉，作释词，写寄将士以资激厉。继刊《四书读》《心史》，编《词品甲》，写《正气歌》，撰《夏声说》，所以振作民气者又无不至。于是发挥孔学精微，上承思、孟，辨义利，绝乡愿，返之性天。以为寂智相应，学之源泉，孔、佛有究竟，必不能外是也。

民国二十六年夏，集门人讲晚年定论，提无余涅槃三德相应之义，融瑜伽、中观于一境，且以摄《学》《庸》格物诚明，佛学究竟洞然，而孔家真面目亦毕见矣。讲毕，日寇入侵，师率院众并运所刻经版徙蜀。息影江津，建蜀院，仍旧贯，讲学以刻经。先后著《中庸传》《方便般若读》（即《般若经序》卷三）、《五分般若读》《院训·释教》。以顿境渐行之论，五科次第，立院学大纲。自谓由文字历史求节节近真，不史不实，不真不至，文字般若千余年所不通者，至是乃毕

122

通之。

民国二十九年，遭家难，矢志观行，于《心经》默识幻真一味之旨，夙夜参研，期以彻悟。三载，始著《心经读》存其微言，盖师最后精至之作也。

师受杨老居士付嘱，三十年间，刻成内典二千卷，校勘周详，传播甚广。及国难作，文献散亡，国殇含痛，师又发愿精刻大藏以慰忠魂。选籍五千余卷，芟夷疑伪，严别部居，欲一洗宋元陋习，以昭苏藏教，筹画尽瘁。本年二月六日，感冒示疾，转肺炎，体衰不能复，然犹系念般若不已。至二月二十三日晨七时，转侧右卧，安详而逝。享寿七十有三。

德配熊夫人，子格、东，女兰，皆先卒。孙应一、应象，孙女筏苏、勃苏，俱就学国外。由门人治其丧，权厝于蜀院院园。

师平生著作多以播迁散佚，晚年手订所存者为《竟无内外学》。其目曰：《内院院训释》《大般若经叙》《瑜伽师地论叙》《大涅槃经叙》《俱舍论叙》《藏要经叙》《藏要论叙》《法相诸论叙》《五分般若读》《心经读》《唯识抉择谈》《唯识研究次第》《内学杂著》《中庸传》《孔学杂著》《诗文》《小品》《楞伽疏决》《解节经真谛义》《在家必读内典》《经论断章读》《四书读》《论孟课》《毛诗课》《词品甲》《词品乙》。凡二十六种，三十余卷，悉由蜀院刊行之。

师之佛学，由杨老居士出。《楞严》《起信》，伪说流毒千年，老居士料简未纯，至师始毅然屏绝。黄稗务去，真实乃存，诚所以竟老居士之志也。初，师受刻经累嘱，以如何守成问，老居士曰：毋然，尔法事千百倍于我，胡拘拘于是。故师宏法数十年，唯光大是务，最后作老居士传，乃盛赞其始愿之宏，垂模之远焉。呜呼！师亦可谓善于继述者矣。弟子吕澂谨述。

澂侍师讲席久，侧闻绪论较多，师迁化后，辄思略叙列之以志追仰，而悲怀难已，终不能就。然不可以无述，爰据师自订年历，稍加编次，有未审处，则就教于李证刚先生及幼济世叔，并得同门陈证如、王化中二君纠正数条，仅乃成篇。触处挂漏，固未能尽吾师行事之百一也。澂附记。

欧阳竟无的内学研究与其孔学再诠释

程恭让

在近世佛教思想以及现代中国思想史上，欧阳竟无先生（1871-1943）是致力于研究、弘扬奘传唯识学的著名佛教学者。1911 年杨文会居士（1837-1911）去世后，欧阳接替文会，主持金陵刻经处的佛经校刻事宜，1922 年复创立支那内学院，节节贯通阿含、般若、瑜伽、涅槃等"佛学四科"。三十年代以后，竟无先生又本其于内学的心得，回过头来重新解读孔学，因而有"孔子真精神"的提出，以及真孔学的再抉发。欧阳一生所学，可以真佛、真孔两大观念来概括。真佛，诠释内学之实旨；真孔，诠释孔学之本义。

一、真似辨析及体用简别

辨析真似，亦即辨别真实佛说与相似佛教，佛法真义与诬罔附会，知法知义与随自意解，欧阳的内学研究，自始至终，即贯彻此一求真辨伪的精神。1922 年 9 月，在支那内学院讲演《唯识抉择谈》的开端，欧阳首先胪列"今时佛法"的

125

"五大弊端"：

一者，自禅宗入中国后，盲修之徒以为佛法本属直指本心、不立文字，见性即可成佛，何必拘拘名言？殊不知禅家绝高境界，系在利根上智道理凑泊之时，其于无量劫前，文字般若熏种极久，即见道以后，亦不废诸佛语言，见诸载籍，非可臆说。而盲者不知，徒拾禅家一二公案，作野狐参，漫谓佛性不在文字之中，于是前圣典籍、先德至言，废而不用，而佛法真义寖以微矣。

二者，中国人之思想非常儱侗，对于各种学问，皆欠精密之观察，谈及佛法，更多疏略。在教理上既未曾用过苦功，即凭一己之私见妄事创作，极其究也，著述愈多，错误愈大，比之西方佛菩萨所说之法，其真伪相去不可以道里计也。

三者，自天台、贤首等宗兴盛而后，佛法之光愈晦。诸创教者本未入圣位，所见自有不及西土大士之处，而奉行者以为世尊再世，畛域自封，得少为足，佛法之不明宜矣。

四者，学人之于经典、著述不知抉择，了义不了义乎？如理不如理乎？皆未之思也，既未之思，难免不误。剋实而谈，经论译文虽有新旧，要以唐人新译最胜，又谈著述，唐人亦称最精。六朝要籍未备，宋明古典散亡，前后作者乏于依据，难云尽当。今人漫无简择，随拾即是，所以义解常错也。

五者，学人全无研究方法，徘徊歧途，望门投止，非视学佛为一大难途，即执一行一门以为究竟，如今之言净土者即是。如此安望佛法之能全显露耶？且今之学者视世、出世智截然异辙，不可助成，于是一切新方法皆排斥不用，徒逞玄

谈，失人正信，比比见矣。●

欧阳以上对其时代佛教弊端的批评，同时也是对禅宗、天台、贤首开启的整个中国佛教传统的批评。五大弊端中，第一条批评禅宗传入引起的轻视文字教法的学风；第二条批评中国思想缺乏"精密观察"的思维方式；第三条批评台、贤两大宗派的立宗者，以凡夫见识说随自意解，妄兴创立；第四条批评学人对于佛教经典、著述不加抉择，缺乏考虑是非及真伪的标准；第五条批评佛教信徒"全无研究方法"，或排斥一切世间学问的新方法。轻视文字、思想笼统、凡夫见识、缺乏抉择，以及排斥世间的学问方法，这五大弊端的实质是内在一致的，禅宗、台、贤影响下的中国佛教，不注重对文字或文本的研究，缺乏对于佛教文本进行综合考虑的兴趣，在"直指本心、不立文字"的标帜下，中国佛教日渐丧失了简别真似、抉择是非的智慧及能力。相似佛教流行天下，"佛法真义"则式微或息。

在欧阳看来，内学院之所以倡导唯识佛教，根本动机即在对治中国佛教的以上弊端。他说："欲祛上五弊，非先入唯识、法相之门不可。唯识、法相，方便善巧，道理究竟，学者于此研求，即能洞明义理，又可药思想儱侗之弊，不为不尽之说所惑。且读唐人译述，既有了义之可依，又得如理之可思，前之五弊不期自除，今所以亟提倡法相、唯识也。"❷研究唐人译传的唯识、法相之教，能引导学人掌握佛说的真实了义，又可以对治中国思想的诸多弊端。内学院的研究和讲授，目的是要恢

● 《佛学大系》第 51 册，第 291-292 页。

❷ 同上书，第 293 页。

复佛陀言教的本真，是要弘扬"四科佛说"的整体，唯识、法相之教在内院讲授中，显得如此重要，并非出于一宗一派的狭隘标准。此一佛说系统中，包含了辨析真实佛教与相似佛教，了义佛教与不了义佛教的方法、智慧以及理据。

注重文本佛意而排斥自意，辨析真似，着眼于佛法真义的抉择，此种源始化的佛学考虑态度，以及求真求实的佛学研究方法，确为唯识佛说的脉眼。法相、唯识的宗论《瑜伽师地论》，曾就"四依"观念详细发挥，解说真似抉择的原则与方法。其中说："世尊说依，略有四种。一、法是依，非数取趣；二、义是依，非文；三、了义经是依，非不了义经；四、智是依，非识。此四种依，因何建立？补特伽罗四种别故。谓因诒诈补特伽罗差别故，建立初依；因顺世间补特伽罗差别故，建立第二；因自住见取补特伽罗差别故，建立第三；因闻为极补特伽罗差别故，建立第四。"❶依法而不依数取趣，指以文字教法作为教理抉择的依据，而不以个人的权威或地位作为抉择的依据。依义而不依文，指以文字教法所申说的法义作为教理抉择的依据，而不仅仅以名言、文句本身作为抉择的依据。依了义经而不依不了义经，指以那些说理圆满且显了的经典作为教理抉择的依据，而不是不加分别地对所有经典作平等观。依智而不依识，指以根据经典策发观行所得的智慧作为教理抉择的依据，而不是以凡夫识见作为抉择的依据。瑜伽"四依"揭示了佛学研究的方法论特征，佛学研究是以经典、文本作为主体的诠释过程，佛学研究的目的，是要呈现蕴涵在大量

---

❶ 《瑜伽师地论》第十一卷，金陵刻经处本，第 14 页；下引凡为刻经处本，只注篇名。

针对性或不了义文本中的佛法真义，而不是为着证实自己的某一主观见解。佛法真义的呈现过程，即是文本与智慧主导的真似辨析及了义不了义辨析的过程。

着意于真似辨析，显示了欧阳内学研究的方法论特色，依据此一方法所呈现的佛法真义，则是内学研究的结论。欧阳把真实佛教与相似佛教的学理分际，概括成下面这个理念：真实佛说的理论重心在体与用的简别，了义佛教以显了的方式表达此一主题，不了义佛教以隐密的方式表达此一主题。相似佛教或外道邪说则违背此一理念，中国佛教或中土伪说的理论重心，明显地与一理念背道而驰。中国佛教不仅不去简别体用，相反强调体用一如或即体即用。

欧阳所谓的体，在瑜伽法相体系五法三自性中，相当五法中的真如，或三自性中的真如圆成实性（涅槃）。欧阳所谓的用，相当五法中正智、分别、相、名四法，或三自性中的依他起性。❶概略言之，依他起性或相、名、分别、正智四法，指一切染净诸法；真如、涅槃或真如圆成实性，则指离言内证的诸法实际。作为染净诸法实际的体，和染净诸法的用之间，存在着不一不异的关系。真如实际并非在染净诸法之外别为一物，此即不异；染净诸法并非自体即是实际，此为不一。真如实际无动转、无生灭，是无为法；依他起幻用有生灭、有转变，是有为法。由此可见，真如体与依他用之间，就存在的德性而论，是必须绝对简别开来的。欧阳说："真如是体，体不生灭，无始种

---

❶ 《瑜伽师地论》七十二卷、七十三卷，第 4 页、第 12 页；《显扬圣教论》六卷，第 1 页。

子依不生灭而起生灭，如实说相一切是用"❶"真如是体，如如不动，正智是用，帝网重重"❷。如智、体用间存在德性上的此一绝对的差异，界说了真实佛教区别于相似佛教的理念特质。欧阳说："淆用于体，成一合相，便无差别，安有法界；淆体于用，失寂灭相，既异不动，亦非如如"❸；"体用不分，法相淆乱，不可为教"❹。体用简别是佛法成为体，失寂灭不动之体；以体为用，失差别万殊之用。

按照此一简别体用的佛法理念模式，以"性相通融"、"即体即用"为纳领的台、贤系统中国化佛学，自当被判为外道之论。欧阳在二十年代，发起《大乘起信论》真伪之辨，依据体用简别的佛理模式，认定中国佛教的这部宗论，"以体为用，体性既淆，用性亦失，过即无边"❺。在临终前一年（1942年）写的《杨仁山居士传》中，欧阳断言："贤首、天台欲成法界一乘之勋，而义根《起信》，反窃据于外魔，盖体性、智用樊乱淆然，乌乎正法！"❻中国佛教的宗论《大乘起信论》，中国佛教的宗学天台、贤首之学，都是相似佛教或外道魔说。

综上所论，欧阳的内学研究，在方法上承继瑜伽思想的"四依"简别传统，首重真似之辨析；在佛理上归结出体用简别的理念模式，严斥台、贤诸宗学"性相通融"的理论传统，其

---

❶ 欧阳《瑜伽师地论叙》，第 20 页。

❷ 欧阳《瑜伽真实品叙》。

❸ 同上。

❹ 欧阳《释教篇》，第 56 页。

❺ 欧阳《唯识抉择谈》。

❻ 欧阳《内学杂著下·杨仁山居士传》。

内学研究的方法、精神和结论，完全是源始化的。

二、真孔与伪孔

欧阳自幼丧父，从叔父宋卿公受业。宋卿公是一位学养渊博却颇不得志的儒者，他课读欧阳甚严，故欧阳得以自幼习曾、胡、程、朱诸家言，并博涉经史。[1]从幼年时期一直到 1898年前后，即三十岁之前的阶段，欧阳主要学习和研究程朱、陆王之学，其中，陆王之学在 1894 年以后，一度是他的主要精神信念。1898 年好友桂伯华试图将之导入《起信》《楞严》等佛教经论，欧阳则持心学与伯华往复辩论，由此可见儒学传统对他的深厚影响。然而，自四十岁以后，欧阳对程朱一直采取严厉批评的态度，对于陆王之学，他也只是保留适度的同情。欧阳对孔学的再诠释，并非是儒学传统的一种延伸。

欧阳晚年曾自述："渐自认识佛义在无余涅槃，转读孔书始粲然矣。"[2]他晚年对"孔书"的"转读"，是透过佛说的义理格局来实现的。因此，考察欧阳晚年的孔学再诠释，不能不联系欧阳一生的内学研究，其内学研究的源始化倾向，必然对其孔学研究产生决定性的影响。

1931 年写成的《论语十一篇读叙》，是欧阳依据佛学格局"转读"孔书的第一篇文章。此文首次提出区分真孔、伪孔的观念。欧阳说："世无真孔。世既不得真孔，尊亦何益于尊，谤亦

---

[1] 《中国佛教思想资料选编》第三卷第 4 册，中华书局 1990 年，第 354 页。

[2] 欧阳《孔学杂著·论学书·跋<中庸传>寄诸友》。

乌乎云谤。苟可取而利用，崇之如天，或不利其私，坠之如渊，于孔何与哉。"[1]世间的尊孔或谤孔，或因取而利用的实利动机，或因不利于其私的实利性考虑，简言之，秦、汉以后出于专制政治的需要，而对孔子孔学作过种种的解释，此种被政治化的孔学是典型的伪孔之学。1940 年，在《覆张溥泉书》中，欧阳再次强调同政治化的伪儒进行简别的必要，他说："然一谈儒，无非举伪。数千年前儒已堕伪。彼篡此位，此代彼诛，帝阍三十三天，鸣冤何处？九幽十八层地狱，无此沉埋。朝野上下，此类尤多，必截根株，应明真孔。"[2]他举例说："新周故宋王鲁，革命之义出于《公羊》，而伪儒以为说经义齐驳，岂是鲁纯。民为贵君为轻，民权之义出于《孟子》，而伪儒专制之奴，谓孟子泰山严严英气甚是害事。大同出于《礼运》，而伪儒竟谓《礼运》大同之说非孔子之言。凡不合其奴性组织，皆武断废除。"[3]数千年前，真孔之学已因政治化的诠释背景而堕伪，真孔之学发挥"人之所以为人，天之所以为天"的精义，伪孔之学则根据专制政治的需要决定取舍，乃"专制之奴"。

通过拣除政治化的伪孔之学，来凸显真孔之义，此一孔学再诠释的方法，与简别真似的内学研究方法，正是同一思路。

自唐代韩愈等人之后，唐宋诸儒对于儒学义理的解释，一直主宰了孔学的诠释方向。明、清两代，理学不仅成了孔学的代名词，而且作为国家意识形态被全面政治化。因此，欧阳简

[1] 欧阳《孔学杂著·论语十一篇读叙》。
[2] 欧阳《孔学杂著·论学书·覆张溥泉书》第16-17 页。
[3] 同上。

别真孔与伪孔，必然要把重心放在对唐宋诸儒的批评上。欧阳认为，孔学的学理概论之作是《中庸》，唐宋诸儒对于此一孔学概论的解释，尤其是对中庸义的解释，是极端错误而又影响深远的。作于 1932 年的《中庸读叙》，已经把对唐宋诸儒的批评，集中到中庸义诠释正误的料简。欧阳说："道之不明也，一言中庸，而一切过不及之名、平常之名以至。何者过不及？何者平常？但是空言，都无实事。明明经释喜怒哀乐之未发谓之中，观喜怒哀乐未发时气象，即行实地不劳揣摩。明明经文庸德之行继以素位而行，素患难行患难，为人君止于仁，即庸德之行也。千有余年，后儒之说行而圣训晦，名句之学徇而实事疏，否塞晦盲酿为风俗，沉渊刲股，致死貌诸孤，精诚格鬼神，独不利儒者之口，天下奇男子行人所不能行而不能一盼，乡党自好者流居之似忠信，行之似廉洁，全家保妻子，箪食豆羹见于色，又何恤乎邦之杌陧？黠者于是乘其弊、窃其器，以钳制一世，而复任艰无伎，私炽无智，于是乎，日蹙黠国百里，强者乃吞噬不已。揆厥病源，皆不识中庸之道之所致也。"❶程颢曾说："不偏之谓中，不易之谓庸，中者天下之正道，庸者天下之定理。"朱熹则进一步申说："中者，不偏不倚、无过不及之名；庸，平常也。"❷欧阳这里批评以"无过不及"解释"中"，以"平常"解释"庸"，指的正是程朱著名的中庸释义。1939 年的《覆梁均默书》中，欧阳把中国社会数千年形成的"不痛不痒"的病局，归结为"中庸误解"，他

---

❶ 欧阳《孔学杂著·中庸读叙》，第 2 页。

❷ 朱熹《四书集注·中庸章句》。

说："中国数千年社会养成不痛不痒之局，职是之由，孔子恶乡愿思狂狷，而世偏崇无过不及、处处模棱，及其至也，人格且不堪问，谈何改革，说何创制显庸。盖中庸实有其事，实地可蹈，非拟议揣度，虚而无薄。如所言不偏之中，中无定所，平常之庸，庸堕卑流。中无定所，适足藏奸，庸堕卑流，暴弃之蔽。今天下竞谈建国建国矣，而中庸之误解不纠正，其可哉。"❶

总的说来，欧阳认为，程朱以不偏不倚、无过不及解释"中"，使得"中"的境界缺乏明确的落实点和依据点，拟议揣度、模棱两可，是此一释义的必然结果。程朱以"平常"解释"庸"，此"庸"与日常性的杂染人生之间，缺乏必有的张力，最后必然会自堕"卑流"。此一模棱两可的人生境界，以及甘堕卑流的日常行为，正是孔门乡愿的基本生存状态。

这样，欧阳对于真孔之学与唐宋诸儒的这番简别，最后归结为真实中庸与乡愿中庸的对立，孔子恶乡愿而思狂狷，因此所谓真实中庸即是"狂狷中庸"，欧阳说："真孔以狂狷为中庸，伪儒以乡愿为中庸，真孔中庸还我实落，伪儒中庸但有美言。"❷"中国自孟子后数千年来，曾无豪杰继文而兴，盖误于乡愿中庸也。狂狷中庸，义利之界严，取资之路宽；乡愿中庸，义利之实乱，取资之径封，似义实利，别为一途。其曰无过不及之谓中，则迷离惝恍无地可蹈也。其曰平常之谓庸，随俗浮沉无萃可拔也。"❸

---

❶ 欧阳《孔学杂著·论学书·复梁均致书》，第9页。

❷ 欧阳《孔学杂著·论学书·覆张溥泉书》第16-17页。

❸ 欧阳《中庸传·绪言》。

由于历代专制政治意识形态化的孔学诠释背景，以及程朱之后错误的中庸释义，千余年来或数千年流行的孔学，事实上只是孔门"相似法流"❶，或者孔门"乡愿之教"❷。正如相似佛教的流行，导致佛法真义的式微，孔门"乡愿之教"的流行，亦已导致孔子真精神的全面丧失，"天下大乱，孔学将亡"，❸抗战以来无处不现的汉奸相，抗战以前政治失序的武人割据相，以及抗战建国的种种难题，本质上正是孔子真精神全面丧失的必然表现。

三、佛义格局的孔佛会通思想

孔学与佛学的究竟会通，是欧阳三十年代以后不断重复的一个主题，是欧阳晚年论定学说的重要内容之一。欧阳晚年在一系列文章、论著及书信中，阐述了他的孔佛究竟会通思想。如《孔佛》（1936 年），《孔佛概念之概念》（1941年），《中庸传》（1940 年）诸论学书，等等。在这些著作中，欧阳抉发了孔佛一致的以下一些理念：

第一是寂灭寂静的理念。寂灭寂静即是佛家的涅槃概念。涅槃和真如是二而一、一而二的一对概念。涅槃指通过转依所显现的诸法实际，真如指不生不灭的诸法真实。二者的差别，仅仅是显现和非显现的差别。欧阳晚年特别重视转依所显的真实或涅槃概念。欧阳说："原夫宇宙人生，必有所依以为命

---

❶ 欧阳《孔学杂著·论学书·与陶闿士书一》。

❷ 同上《与陶闿士书三》。

❸ 欧阳《孔学杂著·中庸读叙》。

者。此为依之物，舍寂之一字谁堪其能。是则寂之为本体，无可移易之理也。寂非无物也，寂灭寂静即是涅槃，灯灭炉存，垢尽衣存，烦恼灭除一真清净，所谓人欲净尽、天理纯全是也。"❶在欧阳看来，此一寂灭寂静、绝对清净的涅槃境界，是孔、佛二家共同归向的终极目标。佛家的经典，如《大涅槃经》《瑜伽师地论·无余依地》等，揭橥了此一目标；孔家的经典，如《大学》《中庸》《周易》，也同样揭橥了此一目标。欧阳说："孔道概于《学》《庸》，大学之道又纲领于'在止于至善'一句，至善即寂灭寂静是也。何谓善？一阴一阳之谓道，继之者善也，成之者性也。就相应寂灭而言谓之道，成是无欠谓之性，继此不断谓之善。道也，性也，善也，其极一也。善而曰至，何耶？天命之谓性，于穆不已之谓天，无声臭之谓于穆，上天之载无声无臭，至矣，则至善之谓无声臭也。至善为无声臭，非寂灭寂静而何耶？明其明德而在止至善，非归极于寂灭寂静而何耶！"❷总之，《大学》明其明德而归向或依止的终极境界，即是佛说寂灭寂静的涅槃境界。

第二是体用简别的理论。欧阳说："寂灭寂静，常也，不生不灭也，真如也，涅槃也，体也。变生万有，无常也，生灭也，正智也，菩提也，用也。体则终古不动，用则毕竟是动，动非凝然，非凝然者不为主宰，故动必依于不动，故用必依于体也。是故说用依体可也，有去来故也。说体随缘不可也，祖父从来不出门也。"❸用必依于体，而体不随缘，用恒常

---

❶ 欧阳《孔学杂著·孔佛概念之概念》。

❷ 同上。

❸ 同上。

于动，体恒常不动，此即体用简别。欧阳举《周易》"大衍之
数"为例，说明用必依于体、而用不即是体："大衍之数五
十，其用四十有九，余一不用也。不用者何也？与体相应
也。何以必与体相应耶？盖不用而后能生用，用根于不用，其
用乃神，孔家肝髓实在乎此。发而皆中节根于未发之中，感而
遂通天下之故，根于寂然不动，两仪四象八卦，根于太极，皆
是也。"❶孔学的"肝髓"，就在对此与体相应的不用之用的把
握。《中庸》的未发之中，《易传》的寂然不动，以及其太极，在
依体之用中有其特殊性。一方面，它们是依据不动之体的有生
有灭的用，具有用的一般共性；另一方面，它们在用中有其殊
相，其自身处于未发状态，同时却为已发状态的一般之用的根
据。那么，此与体相应的未发之用，是否自身即是不生不灭的
本体？欧阳说："然此不用非即是体，何也？仍是五十内之
数，数之性质犹在也。"❷未发状态的不用之用，仍然具有用的
一般共性，因此它与体相应，而自身则不即是体。

　　第三是舍染取净的理念。舍染取净是欧阳晚年教法思想中
的一个重要理念。舍染，即舍弃杂染，取净，即趋向清净。舍
染取净或舍染趋净，是立教的基本旨趣，正如佛教重在转识成
智、转染成净，孔学的立教旨趣同样着重染净取舍义。欧阳
说："舍染取净，立教之原。无著菩萨显扬圣教，作《显扬圣教
论》，一部论旨唯明是义而已。扶阳抑阴，孔学之教，阳，善
也，净也，君子也；阴，恶也，染也，小人也，扶抑即取

---

❶ 同上。

❷ 同上。

舍，则孔亦舍染取净也。"❶孔学的扶阳抑阴，就是佛说的舍染取净。

舍染取净，本质上是生命内部染种、净种的转变过程。因此，以染净取舍立教，即必须承认生命内部染净种势的构成实质，也必须把生命的净化理解成一个动态的过程。《中庸》："唯天下至诚为能尽其性，能尽其性则能尽人之性，能尽人之性则能尽物之性，能尽物之性，则可以赞天地之化育，可以赞天地之化育，则可与天地参矣。其次致曲，曲能有诚，诚则形，形则著，著则明，明则动，动则变，变则化，唯天下至诚为能化。至诚之道可以前知，故至诚如神。"欧阳认为，《中庸》的此段话，包含了染净异种转化之说，"夫道一而已矣，是非歧二

不谓之道。有漏无漏异种之说，外典所无，此文有此义，应以内典释而明之"❷，"夫道一而已，一之谓无漏种是也"，转染成净的关键，就在于把握、趋向、激发、引生此无漏种势，"唯一无二在趣无漏种而已"❸。进一步说，在佛说里，染净异种的转化，需要经过"三智三渐次"的层次，"三智"即地前加行智，地上根本、后得智，以及地上最后后得智；"三渐次"谓地前加行的最初渐次，初地至第八地的中间渐次，八地至十地的最后渐次。欧阳认为，《中庸》此段话，同样包含了染净异种转化的"三智三渐次"的层级理念，他把《中庸》的上面这段话，和《孟子》论成人差等一段话加以会通。《孟子·尽心下》："可欲之谓

---

❶ 同上。

❷ 《中庸传》第18页。

❸ 欧阳竟无致史廉揆居士书，载《法音》1991年第9期，第15页。

善，有诸己之谓信，充实之谓美，充实而有光辉之谓大，大而化之之谓圣，圣而不可知之之谓神。"欧阳说："六等之中，善、信、美、大是加行智地前有漏境界，圣、神是根本、后得智地上无漏境界也。至诚全体之明，在前而知后，物自呈形，不由人索，故至诚前知如神，圣而不可知之之谓神也。地前惟加行智，初地至八地根本、后得智，八地至十地惟后得智。《中庸》三智三渐次，详于此文也。"《中庸》本为孔学的"修道之教"，现在以染种净种及三智渐次的内学义进行诠释，"千载以后，圣凡有判，因果有趣，不系三有，咸入涅槃"[1]，孔学的修道，和内学一样，宗旨都在舍染取净，直趣涅槃。

四、结论

欧阳竟无晚年的孔学再诠释，是他在形成成熟的内学思想后，回过头来"转读"孔书的结果。因此，欧阳内学研究的方法和结论，对于其孔学诠释是有着决定意义的。欧阳的内学研究，以佛法真义的源始化探讨为其特质，由此而来的孔学再诠释，在方法上注重真伪简别，在理念上以佛释孔，从涅槃归极、体用模式、染净旨趣三个方面，得出孔、佛究竟一致的结论。欧阳的孔学再诠释，力求脱离唐宋以后的儒学传统，求取孔学的真义，渗透着源始化的求真精神。同时，欧阳以佛释孔，他对真孔学的理解，又以佛学化为其格局。欧阳深受儒学传统的影响，但其内学研究及其孔学再诠释，则以脱离传统儒学为其特色。

---

[1] 欧阳：《中庸传》第 17-18 页。